「明治150年」に学んではいけないこと

本庄　豊

日本機関紙出版センター

はじめに

鳥羽伏見の戦いから3年後の明治4（1871）年秋、高知県幡多郡中村の商家に一人の男の子が生まれた。名を伝次郎という。身体は弱かったが、きわめて聡明な子どもだった。

伝次郎が生まれた明治4年は、日本の近代化にとって画期となる年だった。「廃藩置県」により幕藩体制が完全に崩れ、日本は中央集権国家への一歩を踏み出した。また、「身分解放令」が出され、「四民平等」の社会になった。実際には華族という新たな身分がつくられていくのだが、人びとはまだ何も知らされていない。

鳥羽伏見の戦いの碑　小板橋東詰め

その年の12月末には岩倉（具視《ともみ》）欧米視察団一行107人が横浜港から2年近い旅に出た。翌年1月15日にサンフランシスコに到達する。目的とした不平等条約解消はならなかったが、使節団は日本が目指すべきとされた欧米先進国の政治や経済を目の当たりにしたのである。中江兆民はこの岩倉使節団に同行、留学生としてフランスに渡り、ルソーをはじめとする思想家について学ぶ。

自由民権運動高揚期、伝次郎は師事した同郷の中江兆民から「秋水」の号を与えられ、幸徳秋水《こうとくしゅうすい》と名乗るようになる。ジャーナリスト・思想家・社会運動家に成長した秋水は、自らが主宰する「平民新聞」で日露戦争反対の論陣を張る。秋水はのちの日米開戦を予測すらしていた。いま、秋水の著作は海外で翻訳出版されている。

幸徳秋水の死は、明治の終わる前年（明治44年）の1月末。前年6月神奈川県湯河原温泉の「天野屋」旅館に宿泊していた菅野須賀子とともに逮捕され、天皇暗殺を企てたという罪で死刑になった。この事件は「大逆事件」というが、別名「幸徳事件」とも呼ばれているように、秋水が首謀者とされた。「大逆事件」で反対派を封殺し、日本は韓国併合（1910年8月）を強行する。

「大逆事件」から90年後の2000年、当時の中村市議会（現在の四万十市議会）は「幸徳秋水を顕彰する決議」を全会一致で採択した。秋水だけではない。たとえば、秋水と同様「大逆事件」で処刑された12人のうちの1人、和歌山県新宮市出身の大石誠之助（医師）は2017年の新宮市議会決議により、名誉市民となっている。

2018年正月、私は四万十市中村を訪れ、幸徳秋水の墓前で手を合わせた。秋水が死刑になった1月24日、毎年ここで墓前祭が営まれている。この年は「幸徳秋水刑死107周年墓前祭」だった。

本書では幸徳秋水の生誕から死までを、明治という時代と絡めて適時記述する。明治は秋水という比類なき思想家を生み出したが、一方で「大逆事件」体制ともいえる後の治安維持法体制の下

幸徳秋水と菅野須賀子

敷きをつくったともいえる。中心にいたのは、元老・山県有朋である。全面改正治安維持法（１９４１年）は反戦・平和の声を弾圧・抑圧し、植民地となった朝鮮半島でも猛威を振るい、日本をあの破局的なアジア太平洋戦争へと導いた元凶だった。現在準備されている「大逆事件」犠牲者の２度目の再審請求は、日本が再び治安維持法体制に踏み出さないために不可欠の取り組みなのだ。

２０１８年は「明治１５０年」。幕末騒乱の舞台となった京都府、明治政府の高官を輩出した山口県、鹿児島県、高知県、佐賀県などは、安倍自公政権の日本の近代化を美化する政府主導の「明治１５０年」キャンペーンとは別に、自治体・観光協会などが資料館などの施設を整備したり、イベントを企画したりしている。その意味では、「明治１５０年」は日本近現代史を学び直す絶好の機会になるだろう。本書出版の意義もそのあたりにある。

本書のタイトルを『「明治１５０年」に学んではいけないこと』としたのは、１００年以上も前の「大逆事件」の再審請求をやらざるを得ないという日本の歴史認識問題の暗部を示すためである。これは杞憂でもなんでもない。明治を単純に美化してはならない。戦争に向かう足音が確かに聞こえてくる。

明治150年　参考年表

幕末〜明治期年表（日本と世界の動き・幸徳秋水の経歴）

西暦（明治）	日本の政治・社会の動き	世界の動き・幸徳秋水の経歴
1840		アヘン戦争
1848		マルクス『共産党宣言』
1851		太平天国の乱（〜64中国）
1853	ペリー浦賀に来航	
1854	日米和親条約	
1857		インド大反乱（セポイの乱）
1859		ダーウィン『種の起源』
1858	日米修好通商条約	
	安政の大獄	
1860	桜田門外の変	
1862		リンカーンの奴隷解放宣言
1863	薩英戦争（薩摩藩）	
1864	第一次長州戦争　四国艦隊の下関砲撃	
1866	薩長同盟　第二次長州戦争	
1867	大政奉還　王政復古の大号令	マルクス『資本論』
1868（01）	戊辰戦争　五カ条のご誓文	

1869（02）	版籍奉還　北海道に開拓使を置く	スエズ運河開通
1871（04）	廃藩置県　解放令　岩倉使節団出発	秋水、高知県中村で誕生
1872（05）	学制	
1873（06）	徴兵令　地租改正	
1874（07）	民選議院設立建白書	
1875（08）	江華島事件　千島樺太交換条約	
1876（09）	日朝修好条規	秋水、中村小学校入学
1877（10）	西南戦争	
1879（12）	琉球処分	
1880（13）	国会期成同盟　集会条例	
1881（14）	自由党結成	秋水、中村中学校入学
1882（15）	軍人勅諭　福島事件	秋水、高知中学校転学
1883（16）	鹿鳴館完成	
1884（17）	秩父事件	
1886（19）		秋水、板垣退助歓迎会で祝辞
1887（20）	新聞紙条例　保安条例	秋水、高知中学校中退、上京
1889（22）	大日本帝国憲法発布	秋水、大阪で中江兆民の書生になる
1890（23）	第1回衆議院選挙　教育勅語	アメリカなどで第1回メーデー
1891（24）	内村鑑三不敬事件　大津事件	

1893（26）		秋水の号を中江兆民が贈る
1894（27）	領事裁判権廃止　日清戦争	朝鮮で東学農民戦争
1895（28）	下関条約　三国干渉	
1896（29）		秋水、浅子と結婚
1898（31）		秋水、「萬朝報」入社
1899（32）	北海道旧土人保護法	秋水、師岡千代子と結婚
1900（33）	治安警察法	秋水、「自由党を祭る文」
1901（34）	社会民主党結成	秋水、「廿世紀の怪物　帝国主義」
		秋水、田中正造の直訴文を書く
1902（35）	日英同盟	秋水、「兆民先生」
1903（36）	国定教科書制度	秋水、「萬朝報」退社　平民社創設
1904（37）	日露戦争　与謝野晶子、非戦の詩	秋水、日露戦争反戦論を発表
1905（38）	ポーツマス条約　日比谷焼打ち事件	秋水、サンフランシスコへ
1906（39）	第一次西園寺内閣　堺利彦、社会党結成	秋水、帰国
1907（40）	足尾銅山大暴動	秋水、「日刊平民新聞」創刊
1908（41）		赤旗事件
1909（42）	安重根が伊藤博文を暗殺	秋水、妻千代子と協議離婚
1910（43）	大逆事件　韓国併合	秋水、菅野須賀子と湯河原で逮捕
1911（44）	幸徳秋水ら12人絞首刑	中国で辛亥革命

序章　「明治150年」キャンペーン

「2018年は、明治維新から150年だよ」

「へえ〜っ」

「じゃあ、明治維新って何?」。教えている中学生、高校生、大学生にそれぞれ聞いてみた。

「説明できない……」

「連想する言葉を言ってごらん」

生徒・学生たちが一番多く上げた言葉が「富国強兵」。歴史の授業を受けてきた結果にしては、あまりにも単純すぎないかと私は反省しきりだ。

社会人のための学校（労働学校など）で歴史の話をするときには、幕末維新を省略している。言い訳に聞こえるかもしれないが、明治維新の授業は難しいからだ。とりわけ、攘夷か開国かで揺れ、攘夷派が権力を握ったとたんに開国派になってしまうのが受講生には理解しがたい。

そんなに複雑難解な明治維新にもかかわらず、安倍自公政権は「明治以降の歩みを次世代に遺す」「明治の精神に学び、更に飛躍する国へ」（内閣官房「明治150年」関連施策推進室）と明治単純化礼賛一大キャンペーンを展開している。

安倍自公政権による、北朝鮮核ミサイル開発を口実とする「国難キャンペーン」は日本のナショナリズムを煽り、国際政治を見る目を曇らせる。独りよがりな安倍首相と、幕末維新期に倒幕に立ち上がった人びとを比べるのはあまりにも失礼だが、政府による「明治１５０年」キャンペーンから逆に、日本の近代が見えてくるという側面がある。

幸徳秋水は著作『廿世紀の怪物　帝国主義』（１９０１年）のなかで、帝国主義とは「愛国心を経（たていと）とし軍国主義を緯（よこいと）とす」と述べ、日露戦争を前にして愛国主義が蔓延する日本の世論に鋭い警告を発している。

「明治１５０年」キャンペーンは、観光振興をめざす地方自治体や商工会をも巻き込み、学校でも明治維新に関するイベントが実施されている。２０１８年ＮＨＫ大河ドラマは「西郷どん」。明治政府に人材を多く送り込んだ「薩長土肥」（薩摩藩・鹿児島県、長州藩・山口県、土佐藩・高知県、肥前藩・佐賀県）では、明治１５０年に関するイベントを開催。高知県で見た「龍馬の休日」のポスターには、大笑いしたが…。これはお気づきのように映画「ローマの休日」をもじって、坂本龍馬キャンペーンに利用したのである。

50年前の１９６８年10月23日、日本武道館で開催された政府主催の「明治百年記念式典」では、軍国主義復活を懸念する野党の国会議員の欠席が多くあり、空席を国会事務職員が埋めたという。当時は戦争の記憶が人びとの間に強く残っており、日本を「明治礼賛」一色で染めることはできなかったのだ。明治維新の帰結として、アジア太平洋戦争があったことは、良識ある政治家の共通認識だった。

「明治１００年」時の内閣総理大臣は、安倍首相の大叔父にあたる佐藤栄作。２人とも山口県（長州藩）出身者である。鹿児島県とともに、明治政府の要人を輩出した県だ。同県萩市にある松陰神社には「明治維新胎動の地」と書かれた記念碑が建てられている。揮毫したのは佐藤栄作。「明治100年」記念に建立された。この神社は、松下村塾を開いた吉田松陰を祀る。松下村塾には、討幕に立ち上がった長州藩の下級武士の子弟が学んだ。

「明治100年」の時に比べて、現在は軍国主義復活が現実のものになってしまった。戦争加担時代の到来ともいえる。安倍内閣による集団的自衛権の行使容認、特定秘密保護法案や現代版治安維持法といわれる共謀罪法案の強行採決…。北朝鮮の核ミサイル開発を口実とする、際限のない軍事費の拡大…。

だとするならば、「明治150年」は、「明治100年」のときよりもはるかに危険な状況のなかでのキャンペーンということになる。「明治150年」で明治憲法の礼賛と、日本国憲法第9条の改定が連動して提起されることはまちがいない。

明治時代を無批判にとらえてはならない。明治天皇誕生日は戦前、明治節、あるいは天長節として祝日だった。戦後は日本国憲法公布を記念した文化の日となった。この日を再び「明治の日」とする動きが政権与党内で高まっている。「明治の日」制定は明治時代の礼賛につながり、天皇を神とした明治憲法肯定に容易につながっていく。

しかしマスコミが「明治礼賛」情報を、一方的に拡散させているのだろうかというとそうでもない。「明治礼賛」歴史観を「薩

明治以降の天皇誕生日

明治天皇	11月3日	戦前は「天長節」「明治節」と定められる。現在は1946年の憲法公布を記念した「文化の日」 →「明治の日」への改正目指す議員連盟発足へ
大正天皇	8月31日	現在は休日と定めていない
昭和天皇	4月29日	平成に入り「みどりの日」に。2007年から「昭和の日」となった
今上天皇	12月23日	天皇誕生日

長史観」と呼び、それを批判する書籍がベストセラーになっている。また、大河ドラマ「西郷どん」の歴史考証を担当している磯田道史氏は、幕末と明治についての今までの勝者中心の歴史観の見直しを提起している。「薩長史観」という言い方が正確かどうかという問題は残るが、安倍政権の「明治礼賛」キャンペーンに対抗する論陣が張られているのも現実である。

鹿児島市では、甲突川左岸に歴史ロード「維新ドラマの道」をつくり、幕末維新期の鹿児島県出身者を顕彰している。「南日本新聞」（2018年1月15日）には「だが、それだけでいいのだろうか。維新後150年間の歩みのちょうど中間点には、太平洋戦争がある。欧米列強を追いかけた日本が行き着いた先は周辺国にまで膨大な犠牲を強いた悲劇だった」「（明治）150年間の軌跡を多角的に俯瞰する視点もおろそかにはできまい」とある。

2018年は、中学校歴史教科書検定の年でもある。改憲をめざす政権側は、検定で明治礼賛記述を持ち込もうと策動するに違いない。明治維新と明治憲法をどう見るかという歴史認識の問題は、こうして憲法の問題へと直結することになる。

本書には明治時代を生きた、一人の社会運動家・社会思想家が登場する。「平民新聞」紙上で日露戦争反対の論陣を張った幸徳秋水である。1871年（明治4）、高知県中村に生まれ、1911年（明治44）、「大逆事件」の汚名を着せられたまま東京巣鴨刑場の露と消えた秋水の人生から、この時代の姿が見えてくる。明治末に戦われた日露戦争こそが、近代日本の分岐点であった。

2018年3月末、渡米時代の幸徳秋水の足跡を調査するため、筆者はサンフランシスコ市を訪問した。せっかくここまで来たのだからと欲を出し、サンフランシスコ近郊の大学都市バークレー市まで足を延ばした。バークレー市はアメリカのブッシュ政権がイラク戦争を起こしたとき、いちはやく市議会で戦争反対決議を上げたことに見られるように、反戦平和の市民運動が盛んな地域であり、私も『ここから始める平和学』（2004年、つむぎ出版）という本で取り上げたことがあったからだ。カリフォルニア大学バークレー校は、シリコンバレーに多くの頭脳を送り出しているように、アメリカトップレベルの大学であり、卒業生にノーベル賞受賞者が20人以上いる。学生たちの政治や環境問題への意識も高く、それが市民の意識の高さにつがっているという。バークレー大学が建学されたのが1868年、私が訪れた時がまさに150年の年だった。学内には150年を記念する展示などもあり、自由や権利、平和などをアメリカに発信してきたこの都市の歴史を知ることができた。そこには原爆開発研究などをおこなった、大学の負の歴史などについても記されていた。日本政府の「明治150年」キャンペーンとの落差に愕然とした。

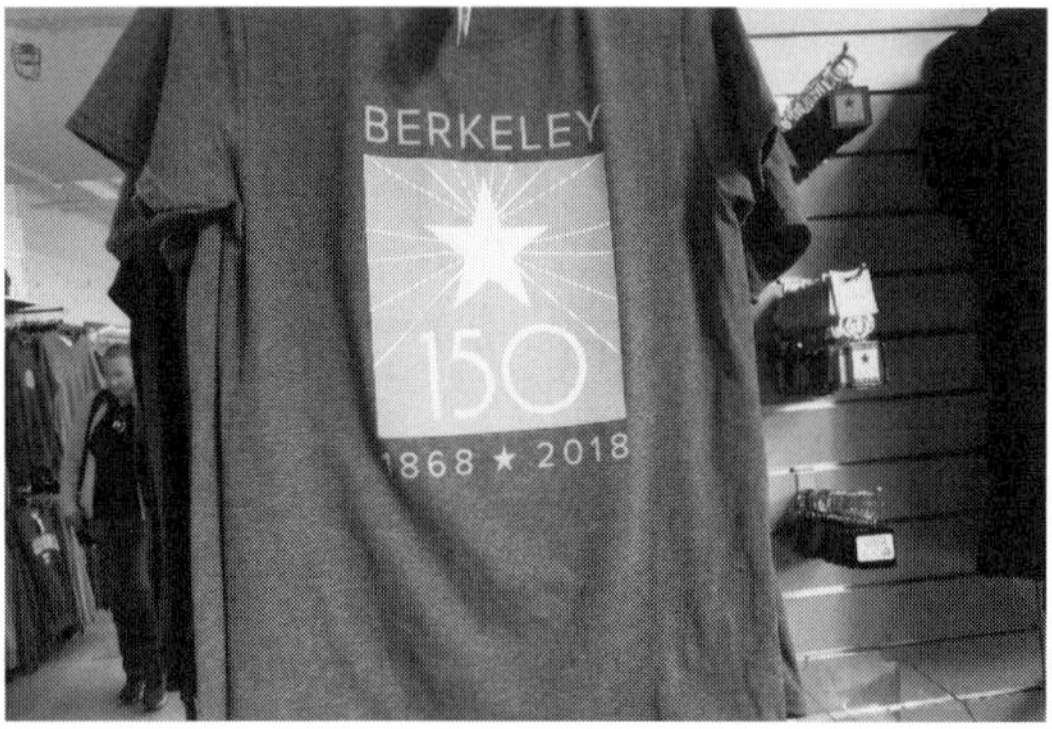

カリフォルニア大学バークレー校のTシャツ

明治時代の本当の姿とは何だろう。私が本書執筆のベースとしたのは、現在使用されている中学校歴史教科書である。教科書には、執筆者たちの知恵と知識が詰まっていると信じるからである。本書はどのページから読んでもいい。読み進むうちに、明治が単に称賛されればいい時代ではなく、昭和の戦争につながる時代であったことがわかるだろう。

何とジョー先生　明治150年 湯ったん

薩長土肥の差

何とジョー先生　明治150年 湯ったん

坂本龍馬の妻

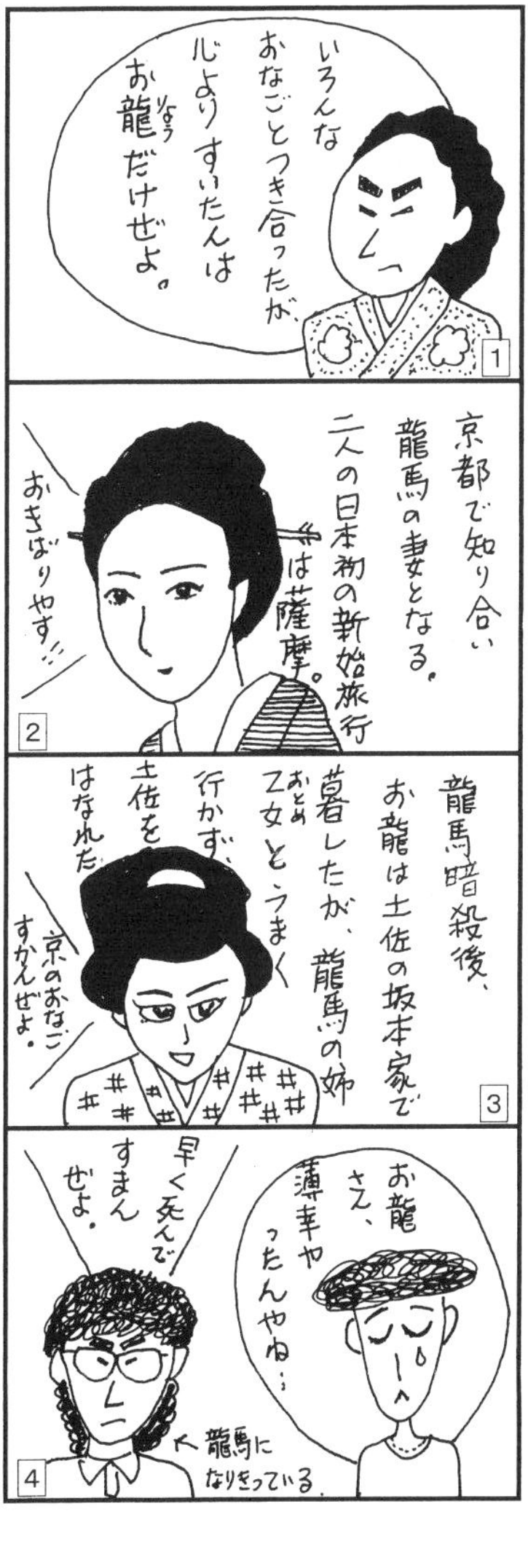

日刊『城南新報』連載マンガ「何とジョー先生」より “明治150年” 画・本庄豊

第1章　幕末の日本

明治維新の経過はわかりにくいと言われる。それは、新政府成立前後に政権に都合の良い一方的な江戸時代像が拡散されたからである。江戸時代は暗黒の時代であり、対外政策も国内政策も間違っていた。薩摩藩や長州藩を中心とする新政府は江戸時代を全面否定し、日本の近代化をなしとげたという歴史観が広められた。いわば勝ち組の歴史観である。この歴史観が明治維新をわかりづらくしている。だから幕末の日本について、もう少していねいに見ていく必要がある。

1.「鎖国」はなかったか？

江戸時代は「鎖国」の時代と言われる。「鎖国」という言葉には国を閉ざし、引きこもっているという印象がある。しかし「鎖国」は、もともと徳川幕府が使った言葉ではない。明治以降に、江戸時代の対外政策を批判する人びとが「鎖国」という呼び名を広げたのであり、政策として「鎖国」をしていたのではない。だから最近の歴史教科書では「鎖国」と「 」をつけることがある。

明治政府は江戸時代を暗黒社会に描こうとした。これは江戸時代の実像とは一致しない。あまり知られていないが、百姓一揆に立ち上がった人びとの顕彰碑（義民碑）は、ほとんどが明治時代の建立である。江戸期の幕藩体制に抵抗した人びとが、明治になって顕彰されたことになる。なお、「鎖国」

図1　江戸時代の対外貿易「四つの窓口」

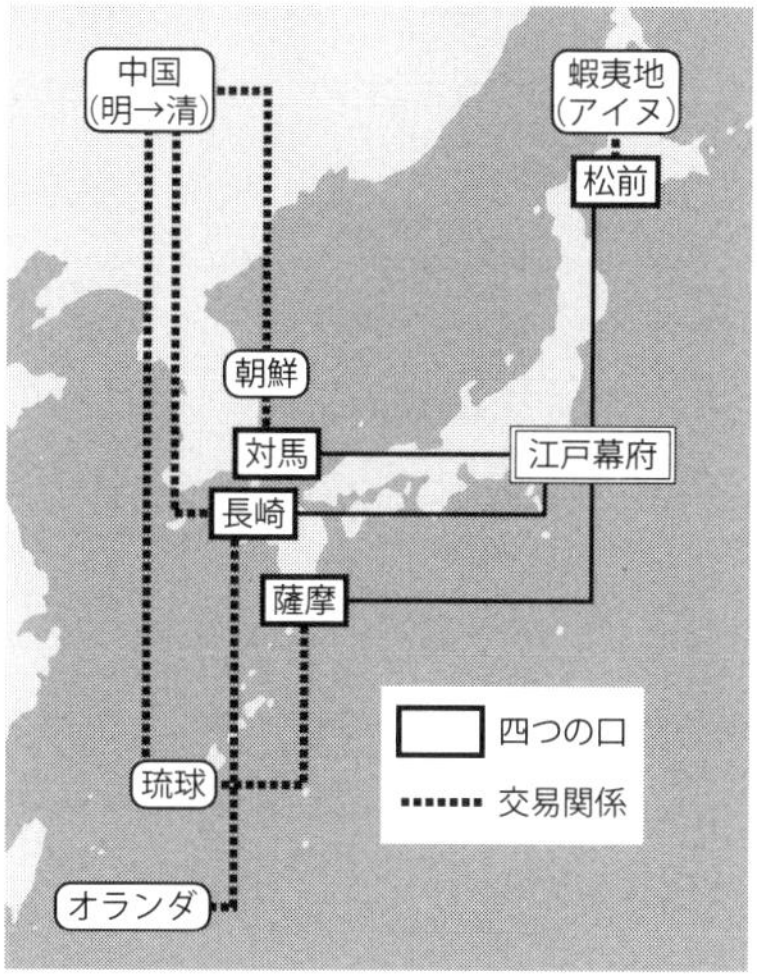

は日本固有の政策ではない。その頃の北東アジアの多くの国々が「鎖国」政策をとっていた。

江戸時代の対外貿易は、徳川幕府による貿易の独占だった。長崎出島での対中国貿易、対オランダ貿易、対馬藩を経由しての対朝鮮貿易、薩摩藩を経由しての琉球貿易、松前藩を経由しての対アイヌ(蝦夷)貿易など、四つの窓口があった(図1)。蝦夷地と「天下の台所」大阪を結ぶ日本海側の西廻り航路は北前船で賑わった。

江戸時代、沖縄は琉球王国と呼ばれ、別の国だった。琉球王国に蝦夷地(のちの北海道)でとれた昆布が流通し、クーブイリチー(昆布の炒め煮)など琉球独特の昆布料理が生まれた。よく知られているように、沖縄県は現在、日本一の昆布消費県である(図2)。

琉球王国を支配していたのは薩摩藩である。薩摩藩は大阪で昆布を買いつけ、琉球で販売して利益を得ていた。その利益で琉球の黒糖を購入し、それを大阪で販売してさら

図2　昆布ロード

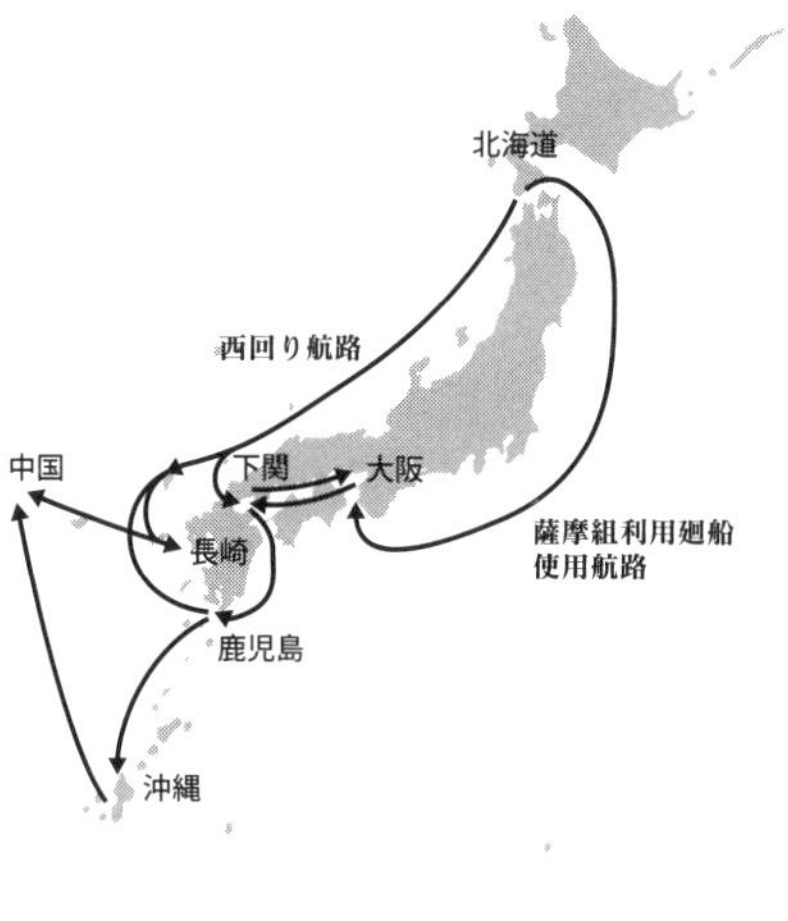

に利益を得るというやり方で、江戸時代末には藩財政を立て直し、倒幕する力を蓄えた。

江戸の深川では、若い女性のあいだにインド綿の浴衣が流行したという。インド綿がオランダや中国経由で日本にも届いていたことになる。だから「鎖国」という言葉は、江戸時代にはピタリとはこないのではないか。江戸時代後期には、オランダ語で西洋のことを知る蘭学が盛んになった。

大阪で緒方洪庵《おがたこうあん》が蘭学を学ぶ適塾を開いたのは1838年のこと。適塾は明治初年に廃校されるまでの50年間、約3千人もの青年を送り出した。そのなかには、日本近代陸軍の創立者・大村益次郎(長州藩・山口県）や福沢諭吉（中津藩・大分県）がいた。福沢は近代日本を「脱亜入欧」の方向に引っ張った知識人である。「脱亜入欧」とは、アジアを踏み台にして欧米のような先進国になることだった。

2. 勤勉革命

上杉鷹山（1751～1822）出所：『鷹山公偉蹟録』（国立国会図書館データベース）

2017年11月初め、私は山形県米沢市を訪問した。米沢市は人口8万人ほどで東北地方では中規模な地方都市だが、江戸中期の米沢藩主・上杉鷹山《ようざん》の治世が有名で、「鷹山」という名の米沢牛専門店もある。
米沢に行って、小学生のころ父が口を酸っぱくして言っていた言葉「成せばなる、成さねばならぬ何事も。成らぬは人のなさぬなりけり」を思い出した。これは鷹山の言葉だった。鷹山は、今でいえば破産寸前の会社を立て直した辣腕経営者かもしれない。事実、鷹山の名はビジネス書にたびたび登場する。何をしたかを一口で言うと、「倹約と勤勉」である。鷹山のこの言葉が強引なリストラ（社員の馘首）の合理化に使われることもあり、複雑な気持ちになることもあるが、それでも地元では名君として知られている。

米沢市の歴史資料館で知ったことだが、アメリカのジョン・F・ケネディ大統領が日本の記者の「尊敬する政治家は誰ですか？」という質問の答えとして上杉鷹山の名をあげたのは、日本のキリスト者として著名な内村鑑三の『代表的日本人』（1894年）の英訳を読んだからだそうだ。リップサービスもあったかもしれないが、質問した日本の記者すら知らなかった上杉鷹山の名をアメリカ大統領が口にしたことで、鷹山の地元米沢は沸き立ったという。

米沢地域はかつて「アジアの桃源郷（中国の言葉、豊かな理想郷のこと）」と言われた。戊辰戦争から10年後の1878年、日本を訪れたイギリス人女性イザベラ・バード（探検家、紀行作家）は、米沢について次のような言葉を残している。

「南に繁栄する米沢の町があり、北には湯治客の多い温泉場の赤湯があり、まったくエデンの園である。鋤《すき》で耕したというより、鉛筆で描いたように美しい。米、綿、トウモロコシ、煙草、麻、藍、大豆、茄子、くるみ、水瓜、きゅうり、柿、杏、ざくろを豊富に栽培している。実り豊かに微笑する大地であり、アジアのアルカディア（桃源郷）である。自力で栄えるこの豊沃の大地は、すべて、それを耕作している人びとの所有するところのものである。…美しさ、勤勉、安楽さに満ちた魅惑的な地域…どこを見渡しても豊かで美しい農村である」（『日本奥地紀行』1880年刊行、訳は平凡社版から）

イザベラ・バード（英1831～1904）

イザベラ・バードは、日本の農村での識字率が非常に高いこと、子どもたちが本を読むことに驚いている。渡辺昇一が捕虜になったイギリスの収容所でイギリス兵が文字を読めないことについて知った（渡辺昇一『アーロン収容所』中公文庫）のは、『日本奥地紀行』から60年後のことである。だから渡辺昇一は日本に誇りを持てというが、そうではなく、なぜ日本の識字率が高かったことを明らかにするのが学問なのだ。

当時のイギリスは「産業革命」(industrial revolution)を経て世界一の工業国(「世界の工場」)となり、その生産力を背景に植民地を拡大していった。「産業革命」の国から来た女性イザベラ・バードが目にした日本の農村風景は、とても魅惑的だったようだ。彼女は日本人のなかにイギリス人と同じような「勤勉性」を発見する。

ドイツの社会学者マックス・ウェーバー（１８６４～１９２０）は著書『プロテスタンティズムの倫理と資本主義の精神』のなかで、キリスト教新派（プロテスタント）のなかにある「勤勉性」こそが資本主義勃興の要因だと書いている。が、宗教的には異なった環境にある日本に住む人びとは、どのようにして「勤勉性」を身に着けたのであろうか。日本に信者の多い浄土真宗と、プロテスタントの類似性を指摘する研究者もいる。儒教道徳と「勤勉性」の関係の研究もある。儒教が盛んな韓国や中国の青年たちは総じて勤勉である。

速水融は『近世日本の経済社会』（２００３年、麗澤大学出版会）のなかで、「鎖国」という状況下において土地の取得が限られ、狭い土地での農業に大量の労働力を費やす「労働集約型農業」が極限まで進んだ日本の社会構造を「勤勉革命」（industrious revolution）と呼び、この革命が明治以降輸入された欧米の産業革命と結びつき、日本が短期日に近代化を成し遂げたと主張している。産業（industrial）と勤勉（industrious）の英文表記をみれば、語源が同じだということが推測できる。

勤勉な江戸時代の農民たちは問屋制家内工業の働き手となり、また江戸時代後半に工場制手工業（マニュファクチュア）がおこると、味噌や醤油、酒、織物などの工場で働くようなった。これらのなかには、伝統産業として現在に受け継がれているものが少なくない。一方、都市に住む人びとも生活スタイルを工夫していく。当時人口100万人の世界有数の大都市江戸は、究極のリサイクル都市でもあった。4千軒もの古着屋があり、布をボロボロになってもぞうきんやはたきにして使い切った。都市から出るゴミも農村で肥料として使えるものはリサイクルされたのである。

「日本は勤勉な民族だ」と断定する人もいる。しかし、日本に住む人びとは歴史的に見れば、もともと勤勉だったのではなく、江戸時代の勤勉革命によって後天的にその資質を身にまとったと速水は考えているようだ。日本人の「勤勉性」は第二次世界大戦後も続き、高度経済成長期にモーレツ社員として発現した。

勤勉は長い間、日本の美徳とされたが、近年は過労死や過労自殺する日本人の資質として是正が叫ばれるようになった。いわば勤勉革命批判の展開である。

自殺には生命保険がおりない。これは契約時の「自殺免責条項」があり、過労が原因の自殺であるにもかかわらず、保険会社がお金を払わない。過労死も過労自殺も労災として認定されない、つまり泣き寝入りのケースが少なくない。死ぬまで仕事をしろと言われ、追い詰められ過労自殺した電通社員・高橋まつりさんのことが話題になったが、日本国憲法では幸福追求権（第13条）とともに、「健康で文化的な最低限度の生活」（第25条）が国民に保障されているにもかかわらず、これまで労基署が積極的に動くことはなかったのである。

3. 百姓一揆の頻発

江戸時代は武士の時代といわれるが、商品・貨幣経済の浸透により、大商人が豊かになり、逆に武士は相対的に貧困化した時代ともいえる。農村でも、豊かな農民と貧しい農民との格差が拡大していった。それでも室町時代のように人身売買があったり、盗賊が横行したりした時代ではない。武士が農村からいなくなり、農村の自治が曲がりなりにも実現したのである。

老中松平定信が「寛政の改革」を始めるのは1787年のことである。1781～90年にかけて、百姓一揆や都市での打ちこわしは、350件以上あった。人びとは幕府や藩を信用しなくなっていく。

1793年、吉田藩（愛媛県）で武左衛門一揆が起こった。吉田藩では農民の現金収入源であった和紙を、藩が専売制を敷いて安く買い叩いたため、農民の生活は困窮していった。小作人の武左衛門は浄瑠璃語りとなって村々をまわり、3年間仲間を集め続けた。立ち上がった農民は、88カ村約1万人。藩に年貢の引き下げと、紙の専売制廃止を要求し、それを認めさせた。翌年、武左衛門は藩の手で処刑になった。

図3　百姓一揆の発生件数の波

江戸時代を通じて、百姓一揆は約3200件にも及んでいる

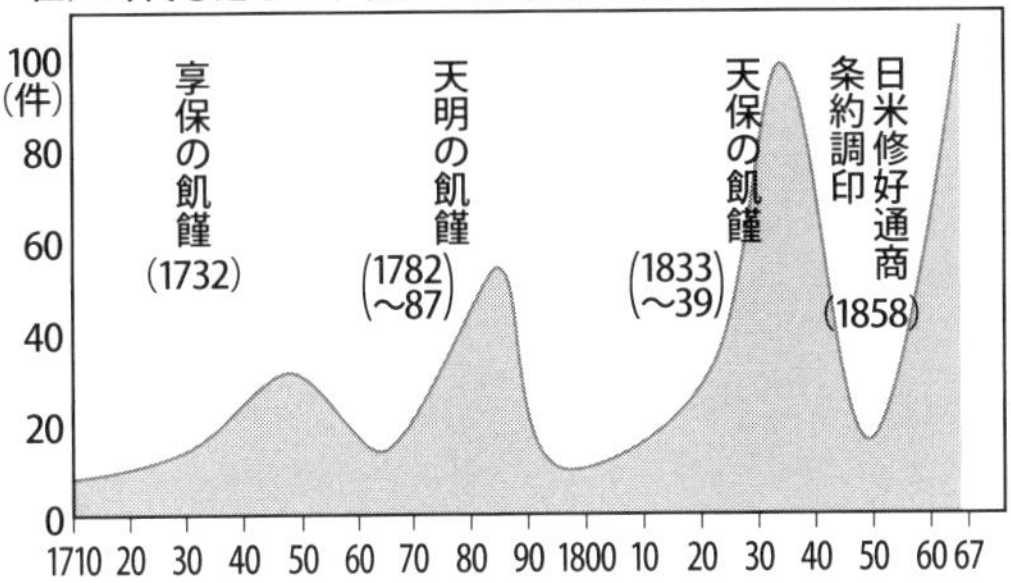

幕府や藩の主な収入は年貢であり、年貢が増えない限り、財政は困窮する。寛政の改革や、老中水野忠邦による「天保の改革」（１８４１年）などをみるまでもなく、手っ取り早い財政再建策は「質素倹約」である。家計の赤字解消策は、二通りある。一つは支出を減らすこと（質素倹約）、もう一つは収入を増やすことである。幕府も同じことを考えたことになる。水野は大商人の特権である株仲間の解散により、自由な商品取引をすすめようとしたが、大名や旗本の反対で頓挫してしまった。

幕末は百姓一揆が頻発した時期である（図３）。窮乏すると一揆になると思っている人がいるが、必ずしもそうではない。農村に自治があり、リーダーがいるということが条件になる。生産力が高まったのに格差が広がり、そこに冷害などで不作になり飢饉などが起こると、一揆に発展する。天保の飢饉と重なる１８３０年代は、一揆の件数が群を抜いて多い。

ペリー来航（１８５３年）、大老・井伊直弼による日米修好通商条約締結（１８５８年）と開国、幕府による攘夷派への弾圧（安政の大獄）、日米修好通商条約批准書を携えた幕府代表一行の咸臨丸（勝海舟や福沢諭吉が乗船）でのアメリカ・サンフランシスコへの派遣（１８６０年2月）、井伊直弼暗殺（桜田門外の変。同年3月）など、時代はめまぐるしく動いていた。開国にともなう物価高は、民衆の生活を直撃する。農村や都市で、民衆の不満が最高潮に達していた。

サンフランシスコ郊外のリンカーンパークにある「咸臨丸入港記念碑」(向かって一番右が私、隣は中村正男さん、平井美津子さん、わたなべ結さん、2018年3月) 1960年に大阪市とサンフランシスコ市が姉妹都市になった(1957年)のを記念して大阪市が寄贈した。

4. 志士たちの京都

借金に苦しんでいた各藩の指導者たちは、財政難を克服するためには人材を育てる必要があることを痛切に感じていた。従来は任意登校であった藩校を義務制にし、有能な人を見つけ育てることに力を入れるようになった。それまでは武士のなかの身分により指導者を決めていたが、藩校で成績優秀なものを抜擢することで、藩が活性化していった。そのなかから生まれた人材が藩政改革に腕を振るうことになる。新しい人材が尊王攘夷思想と結びつくことにより、後に倒幕運動が拡大する。

幕府に独占されていた対外貿易に風穴をあけようとしたのが、長州藩と薩摩藩だった。長州藩では紙やロウの専売を行うとともに、下関を拠点とする海運の収益で藩財政を立て直した。また、すでに書いたように薩摩藩では、琉球との砂糖貿易と砂糖の専売制で莫大な利益を上げた。幕府の初期の改革は「質素倹約」のスローガンが示すように、支出を減らすことが中心だった。これに対して、長州藩や薩摩藩は収入を増やそうしたのである。藩政改革に成功したこの2藩は、幕府との距離感により反目しあう関係ではあったが、幕末の政治に大きな発言力を持つようになっていった。2藩は

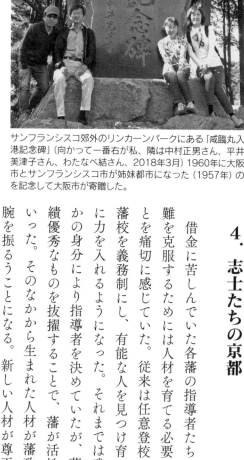

天皇のいた京都で勢力争いを展開した。

薩摩藩主・島津斉彬は、後に明治政府のスローガンになる「殖産興業」による「富国強兵」を目指した指導者だった。1840年に起こったアヘン戦争でアジアの大国・清がイギリスに敗北、19世紀後半にはイギリス船やロシア船が日本近海に出没、1853年にはペリー率いる黒船が浦賀に来航……。同時期に百姓一揆や打ちこわしが頻発するなど社会が不穏な空気に包まれていた。

斉彬が藩主になったのは、黒船来航2年前の1851年のことである。斉彬は、現在の鹿児島市磯地区に近代的工場を次々に建設していく。紡績や造船、製鉄、食品やガス灯まで幅広い洋式工場群が出現したのである。たんに軍事力強化を進めたのではなく、近代的産業の育成を柱にした点が注目される。斉彬死去後、改革は中座するが、1863年の薩英戦争後に薩摩藩の「殖産興業」は復活する。

海外からの圧力が高まると、「外国船を打ち払え」という攘夷思想が急速に広がっていく。攘夷思想は、天皇や朝廷をうやまえという尊王思想と結びつき、下級武士を中心に尊王攘夷運動が発展。一方、外国と修好通商条約を結んだ大老井伊直弼は、尊王攘夷運動を厳しくとりしまった（安政の大獄）。大獄の処分者は幕府中枢にもおよび、刑死者、獄死者が続出した。「開国」により、国内の米、塩、味噌な

図4　幕末の物価

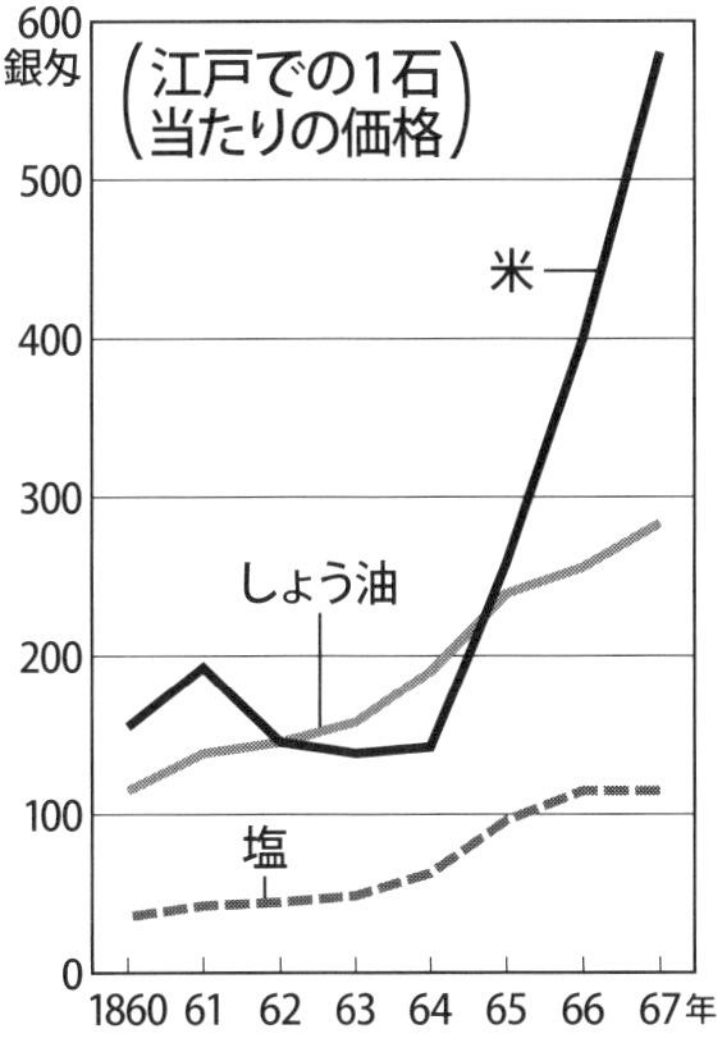

どの価格が4倍から6倍へとはねあがり（図4）、庶民は苦しむことになった。

井伊直弼が水戸藩浪人に暗殺された桜田門外の変（１８６０年）以降、幕府の威信は地に落ち、反比例するように尊王攘夷運動は激化して行った。脱藩した者（志士）たちは京都に集まり、藩の垣根を取り払い新しい国づくりの夢を語り合うとともに、幕府側要人暗殺（テロ）なども実行した。京都は志士たちの街となった。土佐藩（高知県）では、武市瑞山（半平太）らが土佐勤王党を結成した。

土佐藩脱藩の志士たちの像（高知県梼原町）

権威の失墜した幕府は、１８６０年、高明天皇の妹・和宮を将軍家茂の妻にむかえること（公武合体）により、威信の回復をめざした。京都では、攘夷論の中心だった長州藩士たちを、薩摩藩と会津藩が中心となり追放した。勢力回復を狙って京都に進軍した長州藩だったが、薩摩藩と会津藩に敗北する（禁門の変）。幕府は2度にわたり、長州藩征伐のために戦争を起こすが果たせず、幕府に全国を統率する力のないことがいよいよ明らかになった。１８６６年7月、第二次長州戦争出陣のため大阪に入った第14代将軍・徳川家茂は、20歳の若さで病に倒れ死去する。

この年の9月に入ると、将軍のお膝元の江戸に不穏な空気が満ちるようになった。慌てた幕府は困窮民を収容する施設を建設、炊き出しをして不満を鎮めようとした。人びとは「施し米」

を求めて、武家屋敷におしかけ、これが打ちこわしに発展することもあった。同じころ、近畿、四国、東海地方では「ええじゃないか」と人びとが熱狂的に踊る騒動が発生し、日常生活が何日もマヒするという事態になった。江戸時代の秩序や身分制度の根幹が崩れようとしていた。

１８６０年代後半は一揆を各藩で収拾できなくなり、中央集権的な政府を求める声が高まり、これがやがて「大政奉還」へとつながっていく。百姓一揆と都市部での打ちこわしは、幕藩体制を揺るがした。民衆の不満をそのままにしておいたら、武士の時代は終わるという危機感から、幕府や藩はさまざまな改革に取り組むようになった。民衆が時代を動かしたのである。

5. 攘夷か、開国か

江戸幕府は開国を選択し、不平等条約を受け入れ各国と通商条約を結んだ。一方、尊王攘夷運動は京都から全国に広がり、藩政を覆すほどになった。薩摩藩と長州藩はそれぞれ、薩英戦争（１８６３年）、四国艦隊の下関砲撃（１８６４年）などで敗北し、攘夷の実行が難しいことを実感する。一方、イギリスなどの欧米諸国はこの二つの藩の軍事力を直接知り、幕府を見限ることになる。禁門の変以降敵対関係にあった薩摩藩と長州藩は、１８６６年に薩長同盟（密約）を京都で結び、連携して戦うことが確認された。同盟の仲介は土佐藩の後藤象二郎、元土佐藩の坂本龍馬や中岡新太郎がつとめた。

近年、坂本龍馬研究が進み、龍馬が創立したとされる亀山社中や、龍馬が仲介して薩摩藩名義で武器を購入し長州藩に渡した逸話、龍馬がつくったとされる「船中八策」も虚構ではないかといわれている。こうした研究の上に立って、坂本龍馬を日本史の教科書から削除するという動きもある。近代につくられた幕末史の是正が進んでいる。

尊王攘夷の「攘夷」は、外国船襲来という「国難」を煽るスローガンとなり、「開国」した幕府を孤立させた。窮地に陥った幕府は、１８６７年に「大政奉還」を行い、徳川家主導の新しい政権をつくることをめざした。これに対して薩摩藩と長州藩は、一部公家と結び、朝廷に「王政復古の大号令」を出させるとともに、第15代将軍・徳川慶喜に官職と領地の返還を命じた。２６０年間続いた江戸幕府の終焉だった。翌68年より始まった戊辰戦争で、旧幕府側は薩摩藩、長州藩、土佐藩を中心とする新政府軍にしだいに追いつめられていく。

戊辰戦争の前年、百姓一揆や打ちこわしの件数は最高潮に達していた。もはや幕府には政治をまかせることはできないと指導的立場にある人びとは感じていた。危機感を持った支配層のなかの薩摩、長州、土佐藩らは幕府を倒し、新政府をつくるなかでしか、人びとの不満は解消しないと考えたのである。

土佐藩の支藩・中村藩（現在の四万十市）で薬種業と酒造業を営む幸徳家も、幕末維新の嵐のなかにいた。藩論は攘夷に沸き立っていた。屋敷の大きさは３５２坪（１１６４平方メートル）もあり、町有数の大商家だった。だが、幸徳篤明の代で家運は傾く。篤明は穏やかな性格で漢学を学び、読書を愛する文人だった。商人には向いていなかった。鉱山採掘のための資金を提供したが事業に失敗し、多額の借金を抱えることになる。妻の多治は篤明を支えよく働いた。

第2章　つくられた近代天皇制

1.「勝てば官軍」

江戸幕府は儒学の一派・朱子学を重んじ、武士階級に「忠義」という観念を植えつけようとしたが、幕末の動乱のなかで、そうした価値観は一気に瓦解《がかい》する。かつての戦国時代同様、「勝ち馬に乗る」風潮が蔓延していった。それは、幕府の御三家や親藩にも及んでいく。身内から裏切られていく政権の崩壊は早い。

戊辰戦争の端緒となる鳥羽伏見の戦いで勝利した倒幕軍は、天皇軍の印「錦《にしき》の御旗《みはた》」を押し立てて進軍した。圧倒的な軍事力で江戸をめざす新政府軍は官軍と呼ばれた。官軍進行の前に、旧幕府軍は戦意喪失する。官軍といっても、西郷隆盛指揮する薩摩軍、大村益次郎率いる長州軍、板垣退助率いる土佐軍などの寄せ集めだったが士気は高かった。「勝てば官軍、負ければ賊軍」の言葉どおり、旧幕府側は賊軍となったのである。ところで最近の研究では「錦の御旗」や「倒幕の密勅」は薩長がつくった偽物だったともいわれている。

当時の新政府の指導者たちは、天皇のことを「玉《ぎょく》」と呼んでいた。「玉」は自らの政権の正統性を示すための道具という意味にもなる。「玉」を手中にするため、彼らは京都を舞台にさまざまな駆け引きやテロを行った。

「江戸無血入城」により、幕府は崩壊、新政府の権力は固まったかに見えたが、越後や東北、北海道でも戦いは続き、戊辰戦争が終わったのは開戦から1年以上が経過してからだった。この内戦で8千人以上が戦死したといわれる。

賊軍のリーダーとされた会津藩は、テロに明け暮れた薩摩藩や長州藩に比べて、尊王の藩であり、孝明天皇から藩主・松平容保《かたもり》は絶大な信頼を寄せられていた。しかし、戊辰戦争敗北後、会津藩は家禄を23万石から3万石に減らされ、津軽（青森県）の辺境・斗南《となみ》の地に転封され、寒冷不毛の地で生死の境をさまよう体験をさせられた。ＮＨＫの大河ドラマ「獅子の時代」（１９８０年放送）では、斗南での会津藩士・平沼銑次の辛苦を菅原文太が見事に演じていた。銑次はのちに自由民権運動（秩父事件）の戦いに加わっていくことになる。

さて、勝海舟と西郷隆盛のトップ会談で、官軍の「江戸無血入城」とされているが、その背景にあったのは関東周辺で発生していた百姓一揆や打ちこわしだった。民衆の運動の高まりを武士階級の2人は恐れた、利害が一致したということになる。官軍を応援していたイギリスも江戸総攻撃には反対だった。

戊辰戦争で使われた鉄砲は戦国時代の火縄銃ではなく、ライフル銃だった。火縄銃は1分間に2発程度しか発射できず、雨では使用不能になる。射程距離も１００メートル余りで、１５０メートル離れれば厚手の服を着れば防弾できる。ライフル銃は射程が５００メートルにのび、円錐形の弾丸により殺傷能力は大幅に上がった。しかも、連射できる。大砲にも応用され、城郭を破壊することも可能になった。幕府も装備の近代化をはかったが、新政府軍のライフル銃やアームストロング砲の前には無力だった。

1877年の西南戦争でも、新政府軍の火器は西郷隆盛軍のそれを圧倒した。新政府軍は、徴兵令（1873年）によって集められた軍だった。その中には旧幕臣たちも大勢混じっていた。幕藩体制を倒された旧幕臣たちの、西郷軍に対する士気は高かった。

近代徴兵制の前提は、身分制度の解体である。軍事部門を独占していた武士階級を、士族という名にすることで特権を奪い、その上で1873年に徴兵令が公布された。徴兵令制定の中心になったのは長州藩出身の大村益次郎であり、大村暗殺後は同藩の山県有朋が任にあたった。

明治新政府による靖国神社の創建は1869（明治2）年、幕末維新の志士や戊辰戦争で亡くなった政府側の戦死者のみを祀った東京招魂社にある。戊辰戦争の奥羽越列藩同盟軍や旧幕府軍が祀られていないのは「賊軍」だったからである。1877年の西南戦争では、「賊軍」となった旧薩摩藩の戦死者や、新政府に敵対した西郷隆盛は祀られていない。靖国神社に祀られる人びとを「英霊」と称するのは、日露戦争後のことになる。アジア太平洋戦争では靖国神社の神格化が極限にまですすみ、「靖国で逢おう」を合言葉に敵艦に体当たりする特攻戦術にまでつながっていく。靖国神社は「英霊」を量産することで、戦争を遂行する役割を果たしたといえよう。

今日、靖国神社そのものを否定する議論も活発である。一方、この神社が新政府側だけを祀ることに対する批判も根強い。江戸幕府最後の将軍・徳川慶喜は倒幕後、日光東照宮の宮司となり、その曾孫・徳川康久氏は靖国神社の宮司となっていた。徳川宮司は、2017年春に共同通信のインタビューに答えて「文明開化という言葉があるが、明治維新前は文明がない遅れた国だったという認識は間違い」「江戸時代はハイテクで、エコでもあった」「幕府軍や会津軍も日本のことを考えていた。

ただ、価値観が違って戦争になってしまった。向こう（明治政府軍）が『錦の御旗』を掲げたことで、こちら（幕府軍）が賊軍になった」と語った記事が、「静岡新聞」や「中国新聞」など地方紙の一部に掲載された。徳川宮司の発言は官軍のみを祀る靖国神社への批判と受け止められ、神社側から批判されたという。その後、徳川宮司は退任する。

2. 新たな身分制

新政府は「王政復古」として始まった。奈良・平安時代の官職の復活というかたちをとり、天皇制を軸に新政府の体制を作ったのである。戊辰戦争後、1869年に新政府は諸大名から領地（版図）と人民（戸籍）を天皇に返すことを命じた（版籍奉還）。2年後の1871年、藩を廃止し政府直轄の県を置くという「廃藩置県」を新政府は実施する。最近の研究では、「廃藩置県」は新政府から強制されたというより、百姓一揆や打ちこわしに手を焼き、財政難に陥っていた藩運営を投げ出したい藩主たちの要請でもあったという。

武士は士族、百姓や町人は平民とし、身分による結婚、職業選択、居住地の制限をなくし、すべての人びとは名字を名乗ることを認められた（「四民平等」）。こうした一連の政策は、欧米列強に追いつくための「富国強兵」の国造りに向け、武士の独占物であった兵役を男子全体に広げる国民皆兵や、工場労働者を大量に作り出すため新政府にとって必要なことだった。均質な労働力の養成には、公教育の整備が不可欠だった。1872年の学制公布による全国規模での小学校建設は近代化のために必要な施策だった。このように「四民平等」には、徴兵制や労働力整備による「富国強兵」、「殖産興業」などの側面がある。

一方、「四民平等」により、今までの身分制度から離れ、立身出世の「夢」を人びとが持つようになったという側面もある。1859年にイギリスで出版されたサミュエル・スマイルズの『自助論』は、数百人の欧米の成功者の談話を集めたものである。当時江戸幕府の留学生だった中村正直がこれを翻訳し、1871年に『西国立志編』という本にして出版した。明治時代を通して広く日本社会に普及し、100万部を売り上げた。序文の「天は自ら助くる者を助く」はよく知られている。最近の自己実現本、「願えばできる」「夢はかなう」などはスマイルズ本の焼き直しである。成功者の裏に何百倍、何千倍もの失敗者がいることを『自助論』は何も語らない。

身分制に話を戻そう。新政府は大名たちを東京に住まわせ、新たな身分である華族とした。天皇の一族は皇族となり、公家は華族に編入された。身分は職業（収入）と結びつく。皇族や華族には身分に応じた報酬が与えられた。華族の数はその後も増え続けていく。明治維新や日清戦争、日露戦争の功労者も遇されていったのである。華族には貴族院という議員になる特権も与えられた。華族間の序列、公爵・侯爵・伯爵・子爵・男爵も整備されていく。

現在の日本国憲法第14条では、世襲制の華族は禁止されている（傍線は筆者）。1869年から始まった華族制度は、戦後の1947年に廃止されたことになる。

第14条　1．すべて国民は、法の下に平等であって、人種、信条、性別、社会的身分又は門地により、政治的、経済的又は社会的関係において、差別されない。2．華族その他の貴族の制度は、これを認めない。3．栄誉、勲章その他の栄典の授与は、いかなる特権も伴はない。栄典の授与は、現にこれを有し、又は将来これを受ける者の一代に限り、その効力を有する。

現在、日本には文化勲章という制度がある。文化勲章は、戦前の1937年に制定された。現在は、特権はなく一代かぎりとなっており、新憲法の規定通りのように見える。ただ、「文化功労者」制度が1951年に整備され、功労者になれば終生年金（年間350万円）が支給されることになった。「文化功労者」のなかから文化勲章受章者が選ばれることが続いている。これは事実上の特権であり、憲法第14条に違反するのではないだろうか。また、戦前から続く日本学士院という文科省の機関の会員になれば、年間250万円の年金が支給される。文化功労者や学士院会員の年金はすべて国民の税金である。厳しい監視が必要なことは言うまでもない。だが文化功労者を辞退した人たちもいるので、名前のみ紹介しておこう。

河井寛次郎（陶芸）、熊谷守一（洋画）、大江健三郎（小説）、杉村春子（俳優）、小沢昭一（俳優・芸能研究者）、永六輔（作詞家）、千田是也（演出家）、岸田今日子（俳優）、吉行淳之介（小説家）

なお、紛らわしいものに国民栄誉賞がある。これは内閣総理大臣表彰の一つ。政権浮揚の道具とも言われるが、年金などは与えられていない。その他、国家が個人にあたえる勲章や褒章などはあ

図5　学齢児童の就学率（明治19〜41）

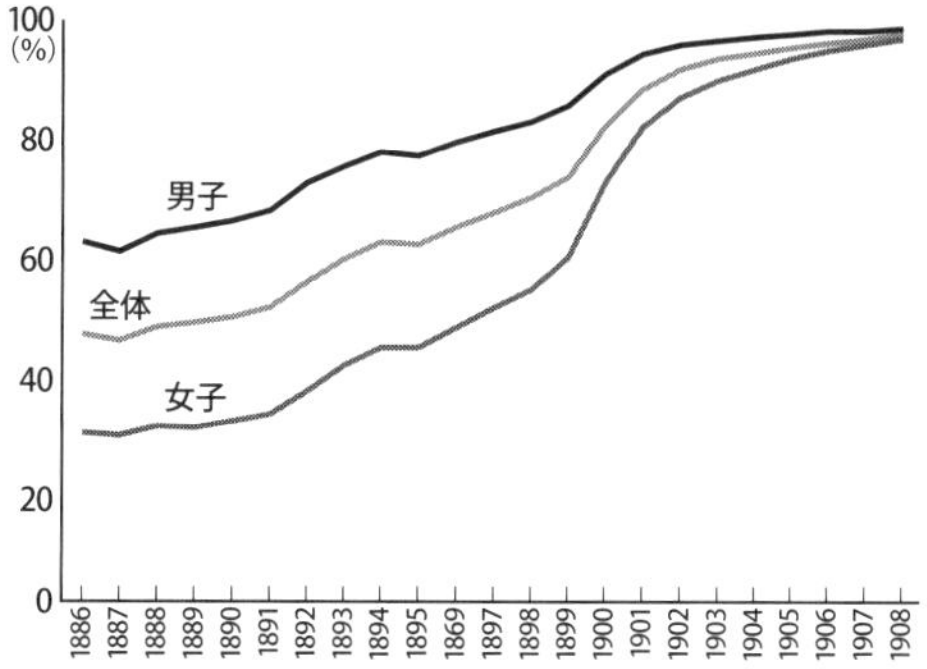

る種の身分として、政権を支えるシステムになっているのではないだろうか。

　ここで女子教育について書いておこう。明治になり小学校が拡大していくが、当初女子の就学率は高くなかった。「女に学問はいらない」という考え方が支配的だったからだろう。しかし、小学校の拡大に伴い女子の就学率も向上していく。1904（明治37）年に起こった日露戦争の頃には、95％の女子が就学している（図5）。明治時代後半になると学校を通じて、女性の役割を家事と育児に特化する「良妻賢母」教育がすすめられるようになった。

　江戸時代、支配階級だった武士たちの間では、夫が育児に参加することは後継者（世継ぎ）育成のために当たり前だった。一方、庶民の間では女性が働くことは普通のことで、夫が家事に参加することも少なくなかった。

　女子就学率の向上を背景に、明治期後半から顕著になった「良妻賢母」教育により、富裕層や支配階級のなかで女性を家庭に閉じ込めることが是とされるようになった。

図6　朝鮮人児童の普通学校就学率
1910-1943

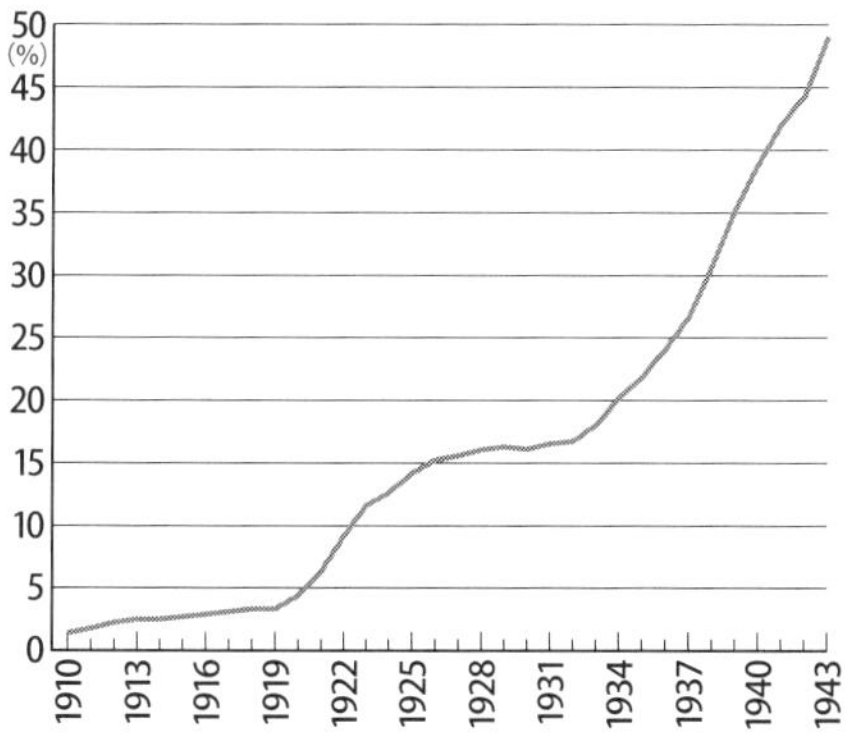

古川宣子『植民地期朝鮮における初等教育』
「日本史研究」370（1993年6月）、P40より作成

庶民の女性たちは相変わらず働き続けたが、「良妻賢母」思想の普及により、以前にもまして家事・育児の負担が増加し、女性の地位は低下していく。戦争が始まれば、女性たちは「銃後」の守りとしての役割を担わされた。なお、戦後の高度経済成長期にサラリーマン家庭で専業主婦が増加したことをもって、専業主婦が日本の長く続く伝統であるかのような言い方をされることがあるが、それは日本の近代化のなかで政策的につくられたものであり、大きな勘違いである。

なお、1910年の韓国併合により日本の植民地とされた朝鮮半島の子どもの就学率は、きわめて低い水準だった（図6）。

3. お雇い外国人

福井藩では1867年に海外留学生第1号・日下部太郎を先進国のアメリカに送り、1年間の英語学習後、同国ニューブランズウィック市のラトガース大学で学ばせていた。日下部太郎の名は、渡米する時に元福井藩主・松平春嶽が命名した。もともとの名前は八木八十八で、日下部は八木家の先祖の名だった。日下部はラトガース大学を首席で通すほどの秀才だったが、学費不足と生活苦などにより26歳で亡くなった。ラトガース大学では彼の才能を惜しみ、卒業生名簿に日下部太郎の名を刻んだ。

日下部太郎だけではない。イギリスに留学した薩摩藩や長州藩の学生など、当時の日本人留学生はともかくよく勉強した。まずは語学をマスターし、そして主に文献によって専門知識を会得する。

「あまり勉強すると身体に悪い。外に出たらどうか」と心配した下宿の人に対して、ある留学生は「勉強しないと日本の近代化が遅れてしまう」と返事をしたというエピソードがあるが、事実、留学中に亡くなる学生も少なからずいた。ニューブランズウィック市には日本人留学生の墓地もある。

新政府は教育こそが近代化の要と考え、今まであった高等教育機関を統合した「大学校」の設置を決め、責任者に松平春嶽を任命した。春嶽は日下部太郎の縁を頼り、ラトガース大学で日下部を教えたウィリアム・グリフィスを自然科学（理科）教授として日本に招聘することにした。

1870年末に来日したグリフィスは、まずは福井藩で教鞭をとった。グリフィスは日下部の家を訪ね、ラトガース大学主席学生に贈られるファイ・ベータ・カッパー協会のゴールドキーを日下部太郎の父に手渡した。翌年に「廃藩置県」で福井藩がなくなると、グリフィスは東京で教えることになった。3年7カ月の日本滞在だった。

ウイリアム・グリフィス邸（福井市）

2018年2月10日、豪雪の福井市に私は宿泊した。翌日の「建国記念の日不承認福井県民集会」で講演するためである。演題は『明治150年』と日本国憲法」。せっかく福井に来たので、藩主・松平春嶽を調べることにした。前泊したホテルのすぐ近くの浜町に、福井市グリフィス記念館があり、松平春嶽と福井について学ぶことができた。

グリフィスらお雇い外国人は幕末から明治にかけて、民間・政府・

地方合わせて２５００人以上いたという。新政府の指導者より高給だったお雇い外国人がいたことから、先進国の科学技術や法制度などを貪欲に学ぼうとしていたことがわかる。

明治時代に使われた言葉に「和魂洋才」がある。中国が先進国だった時代には「和魂漢才」と言っていた言葉が、近代化するため欧米に学ばねばならないことになり、「漢」を「洋」に変えて使用した。欧米の科学や技術、制度を学ぶうちに、自由や民主主義という欧米の思想も日本に流入していく。そのため、近代天皇制を確立するのだと意気込んでいた新政府の中枢は、「和魂」という言葉を復活させた。

近代国家成立史は、領土を確定していく歴史でもある。戊辰戦争の翌年（１８６９年）、新政府は北海道に開拓使を置き、本州からの移住を進めた。１８７５年日本とロシアは千島樺太交換条約を結び、先住民であるアイヌ民族を樺太から北海道に移住させた。狩猟民族であるアイヌにたいしては、１８９９年「北海道旧土人保護法」を定め、土地を与え農具の貸し出しをしたが、農業に適した土地は分配されず、多くは開墾されないまま没収された。

松平春嶽像（福井市）

長く薩摩藩に支配されてきた琉球王国は、一方で中国の清にも従っていた。１８７２年新政府は琉球王国を琉球藩とし、１８７５年には「明治」という元号の使用、清への朝貢の廃止、日本軍の受け入れなどを求めた。琉球は抵抗したが、1879年琉球王国は滅び、沖縄県が成立した。

4. 自由民権運動

幸徳伝次郎（後の秋水）は、学制公布から4年後の1876年12月、高知県幡多郡中村（現在の四万十市）中村小学校1年生へ入学する。1881年6月、1年早く卒業し、同年9月には中村中学校に入学している。ひ弱な体質ではあったが、伝次郎は頭脳明晰で「神童」の名が高かった。

伝次郎は3男3女、6人兄弟の末っ子だった。2歳のとき、村長をしていた父が亡くなり、母は33歳という若さで伝次郎たちを育てることになった。男子3人のうち、長男は夭逝し、2男は養子に行っていた。末っ子の伝次郎が幸徳家の後継ぎということになった。幸徳家は酒造業と薬種業を営む、中村でも指折りの商家だった。幼い伝次郎を支えたのは、養子の駒太郎だった。駒太郎は幸徳家の番頭となり、醤油の醸造なども行い事業を拡張していった。

伝次郎が中村小学校へ入学する2カ月前、1876年10月末熊本で神風連の乱が起こっている。廃刀令に反対した士族の乱の一つである。「廃藩置県」で禄を失った武士たちの不満が蓄積されていった。下野していた西郷隆盛が不平士族たちを糾合し、西南戦争を起こすのは翌77年2月のことである。

さて神風連の乱は最終的には鎮圧されるが、乱の渦中で県令・安岡良亮が惨殺される。安岡は伝次郎の母方の親戚だった。安岡の子に秀夫がいた。父の死により、秀夫は中村で暮らすことになった。この秀夫は伝次郎について「際だって頭が良かった」と回想している。2人は無二の友となる。教育勅語体制成立前の明治前半に初等教育を受けた伝次郎は、土佐の自由民権運動の空気を吸いながら大きくなっていく。

伝次郎が学んでいた中村中学は、高知県の財政難により高知中学と合併することになった。幸徳家の家運が傾いていたこともあり、伝次郎は高知中学に編入できなかった。15歳になった伝次郎は地元で高知中学に入学できなかった仲間を集めて、勉強会を組織した。伝次郎の漢文と演説の力は群を抜いていた。

多感な伝次郎の青年期は、自由民権運動の隆盛期と重なっていた。西郷隆盛ら旧薩摩軍が新政府軍に敗れた西南戦争（1877年）以来、薩長藩閥政府にたいする戦いは言論戦に移っていく。その中心になったのが土佐藩出身の板垣退助である。板垣は同志たちとともに、憲法の制定や議会の開設などを要求する活動を行っていた。板垣が結成した自由党の幹部である林有造が中村に乗り込み、伝次郎らの前で演説した。伝次郎は自由民権運動の闘士の演説に心を動かされた。翌年には板垣退助本人が中村入りし、16歳の伝次郎は参加者を代表して祝辞を朗読した。

伝次郎が高知に出たのは、16歳の時である。学費は養子駒太郎と母が捻出してくれた。だが病気にかかり、半年あまりの療養生活を送らざるを得なくなる。高知中学に通うようになったが、療養生活がひびき、進級試験に落第した。飛び級までした「神童」だった伝次郎にとって、この落第は大きな屈辱だった。そうしたなか同郷の若者が上京するのを見て、伝次郎も東京に行くことを決意する。実家からの学費はあてにはできなかった。

上京した伝次郎は、自由党の指導者・林有造の書生となる。書生とは、住み込みで家事手伝いをしながら勉強する若者のことを指す。いわば勤労学生になったのである。また伝次郎は、時間をつくって神田の英学館で英語の勉強を始めた。その頃、東京は不平等条約反対の騒然とした空気に包まれていた。政府は突然「保安条例」を発布・施行した。「保安条例」には、内乱や社会の秩序を乱す者を追放できるという規定があり、政府は570人を東京から追い出した。そのなかには、林有造とともに伝次郎の名もあった。

東京を追放された自由民権運動の活動家たちは、大阪に集結する。伝次郎は知人の紹介で、大阪の曾根崎にいた中江兆民宅に書生として住み込むようになった。1889年、兆民と伝次郎との出会いである。兆民は「東洋のルソー」とも称される自由民権運動の理論的支柱だった。世俗的な成功を望まぬ反権力の人でもあった。伝次郎は兆民に思想的な影響を受けるとともに、その政治姿勢にも大きく共鳴するようになっていく。

私の子どものころ、大人たちの酒の席で「群馬自由党の歌」が歌われていた。こんな歌詞だった。「むかし思えばアメリカの　独立したるのもムシロ旗　ここらで血の雨流さねば　自由の土台はかたまらぬ」。アジア太平洋戦争に敗北し、再び自由や民主主義という価値観が広がっていった1950年代に、自由民権運動が評価されたのであろう。

5. 帝政ロシアと「教育勅語」

「保安条例」で自由民権派を東京から追放した後、伊藤博文らは憲法草案を準備する。政府の中枢にいた大隈重信らが目指したのは、イギリス流議院内閣制を定めた憲法だった。だが、大隈は罷免される。伊藤らのモデルとなったのは君主権の強いドイツ・プロシアの憲法である。これが大日本帝国憲法（明治憲法）だった。発布は1889年2月11日。この日は、1873年に紀元節（神話である神武天皇の即位の日）と命名されていた。大日本帝国憲法は、自由民権運動の成果として参政権や基本的人権を制限付きで認めた。また近代的な憲法の体裁が整えられてはいる。だが、第1条には「大日本帝国ハ万世一系ノ天皇之ヲ統治ス」とあり、天皇が神格化された。また、第4条には「天皇ハ国ノ元首ニシテ統治権ヲ総攬シ此ノ憲法ノ条規ニ依リ之ヲ行フ」とされ、軍が天皇の軍隊として内閣の規制を受けずに戦争遂行できるようになった（統帥権の独立）。この統帥権の独立は、後に軍部暴走の根拠とされていく。

ニコライ2世

　イギリス留学の経験のある伊藤には、いずれ日本を政党政治の根付いた立憲国家にしたいという思いがあった。一方、同じ長州藩出身の山形有朋は「保安条例」の拡大解釈により、民間人の憲法草案づくりを禁止する。「保安条例」はのちに治安維持法の雛形となった。山県が目論んだのは、帝政ロシアのように皇帝が政治と宗教の権威を一手に持つような国家だった。そのため山県は「教育勅語」の作成を急がせ、学校教育を通して絶対主義的天皇制の確立をはかろうとした。「教育勅語」の発布は１８９０年の10月30日である。翌年1月「教育勅語」をめぐって、キリスト者内村鑑三による「不敬事件」が起こっている。

「教育勅語」とともに近代日本人の精神に大きな影響を与えたのが、「軍人勅諭」（１８８２年）である。勅諭では「死は鴻毛より軽しと心得よ」など、死によって天皇に尽くすことが最高の誉れとされた。近代日本軍の兵隊の命を軽んじる肉弾戦や、特攻隊などの戦法を生み出した精神的背景には「軍人勅諭」がある。

１８９６年、山県有朋はロシア皇帝ニコライ2世の戴冠式に出席し、天皇をロシア皇帝のような絶対的な存在にしていく強い決意をもったという。そのため天皇を支える新たな身分制度を整える必要があった。前にも述べたように華族制度の整備がそれにあたる。第一次世界大戦中に起こったロシア革命（１９１７年）に対する干渉戦争（シベリア出兵）を、列強のなかで日本が長期間行った理由の一つは、山県の帝政ロシアに対する強烈なシンパシーではなかったか。幕末の長州藩で起こった四国艦隊下関砲撃事件（１８６４年）の当事者として、攘夷が無理であり日本は近代化を急がねばならないことを強く思った伊藤と山県

大津事件碑。ニコライ2世は皇太子時代の1891年、滋賀県大津で日本人巡査に襲われ負傷した。

だったが、目指す国家の方向性は大きく違っていた。

憲法発布の年の10月、幸徳伝次郎は中江兆民一家とともに再び上京する。大赦により、上京が認められたのである。翌1890年、富裕層の男性のみが選挙権を持つ第1回総選挙が実施され、兆民は当選する。だが、兆民は政府追随の人びとに激怒し議員を辞職した。1892年、書生の伝次郎は国民英学会正科を卒業した。伝次郎の才能を見出した兆民は、「秋水」の名を与える。

6. つくられた近代天皇制

大日本帝国憲法や「教育勅語」が定められたといっても、すぐに天皇が神になるわけではない。学校教育を通じてまずは子どもが天皇崇拝を家庭に持ち込み、その子が大人になって家庭を持つ頃には、祖父母以外はすべて天皇制にからめとられてしまう。こうして昭和という時代に入ると、天皇のために命をささげることが当たり前になった。紀元節（2月11日）や天長節（11月3日）などの祝日の機会に、子どもたちは繰り返し「教育勅語」を暗唱させられた。

「教育勅語」が子どもたちに浸透していく様子について、平井美津子氏は『教育勅語と道徳教育～なぜ、今なのか』（日本機関紙出版センター、2017）のなかで、こう活写している。

「教育勅語の内容は難しくて、どんなに読んでも聞かされても子どもたちはおろか大人でもなかなか理解できません。校長先生が朗読している間は、子どもたちはじっと頭を下げたまま、微動だにしてはなりません。子どもたちにとって、校長先生が教育勅語を読んでいる間は、じっとがまんをしなければならない苦行のような時間だったのです。特に冬の寒い日などは素足の子どもたちも多く、足がかじかんでもじっとしていなければならず、咳をしたり、鼻をすすったりすることは絶対にできません。もちろん、トイレに行きたくなっても行くこともできないのです」

修身科は近代日本の小学校・中学校の道徳教育を担った教科で、当初は自由民権運動の影響を受けた授業なども行われたが、１８９０年の「教育勅語」発布後は、忠君愛国教育を柱とする教科書がつくられていった。「教育勅語」と同時に履修が義務付けられた「修身」を中心とする教科の授業と学校行事が、天皇を神格化していく上で決定的な役割を果たした。一方、国史の授業では神武天皇から始まる非科学的な歴史を子どもたちに教えた。私の母は１９２２年の生まれだが、生前に忠君愛国の人として楠正成の名をよく口にしていた。学校で習ったのだろう。

五島列島のキリスト教教会

7. 鹿児島の廃仏毀《き》釈《しゃく》

天皇を日本の神にするためには、寺院と神社を分けた上で、天皇を頂点に神社の統合を進め、国家神道の確立をはからねばならない。１８６８年、新政府は神仏分離令を出す。江戸時代には神官と僧侶との混在が進み、寺のなかに神社が置かれたり、僧侶が神官を兼務したりすること（神仏習合）もあった。

神仏分離令をきっかけに、全国各地で廃仏毀釈が起こり、寺院や仏像が破壊、経典・仏具が焼却される。扇動したのは地方の神官や尊王を唱える学者たちだった。江戸時代には寺請け制度があったが、世俗的な寺院のありかたに反発する民衆も廃仏毀釈に加わった。

廃仏毀釈についての研究が近年進み、その徹底ぶりはバーミヤン遺跡を破壊したタリバンに匹敵するほどだと指摘する研究者もいる。たとえば、鹿児島県では江戸時代末には千以上あった寺院がすべて破壊され、3千人近くいた僧侶が1人もいない状態が数年間続いた。今でも鹿児島県は寺院の少ない県になっている。一方、神仏分離のみで廃仏毀釈にはいたらなかった県も多かった。

「五島崩れ」記念像（五島列島）

神仏分離が進むなかで、各地の神社の統廃合が進み、神社は国家神道のなかに位置付けられた。天皇を神とする国家神道は、教育勅語体制によって学校教育を通じて子どものなかに植えつけられていく。学校および通学路にはたくさんのソメイヨシノが植えられ、桜並木の景観がつくられた。桜はのちに日本精神の象徴になっていく。

大日本帝国憲法には信仰の自由が明記されたが、国家神道は他の宗派の上位に位置付けられた。神社のなかでも伊勢神宮と靖国神社、各地の護国神社は近代天皇制を支える支柱ともいうべき存在になった。天皇家の三種の神器をおさめる伊勢神宮は、近代になってから造成がすすみ現在の景観になった。

ここでキリスト教について簡単に書いておこう。江戸時代、各地で潜伏していたキリスト教徒は明治になり表立った活動ができると信じた。ところが、新政府は「五榜の掲示」で江戸幕府の禁教令を引き継ぐとした。そのため各地でキリスト教徒への弾圧事件が続き、流罪となった信者のなかには、刑死した者も多かった。欧米諸国の抗議で禁教令はなくなったが、明治初期のキリスト教弾圧は忘れてはならない事件である。

「浦上崩れ」とは、幕府直轄地だった浦上村（現在の長崎市）におけるキリスト教弾圧事件のことを指す。4回目の検挙事件である「浦上四番崩れ」（１８６７年）では、弾圧の最中に明治維新となったが、新政府は住民を日本各地への流罪とした。これに対して欧米諸国は強く抗議、新政府は１８７１年にはキリシタン禁制を解き、流罪となった者の釈放と長崎への帰還を行った。

「五島崩れ」についても述べておこう。明治元年に起こった五島列島（長崎県）の一つ・久賀島でのキリシタン弾圧事件では、２００人が6坪ほどの牢屋に入れられ、栄養失調や拷問で獄死者42人を出している。五島列島に潜伏キリシタンが多かったのは、18世紀末に五島藩が農民の不足を補うために、大村藩や外海《そとめ》地方からの移住をすすめたからである。移住者の多くが潜伏キリシタンだったことから、五島列島はキリシタンが島になった。移住者は3千人に及んだという。しかし海を渡りやっとのことでたどり着いた地は、農業にも漁業にも適さない過酷な地だった。人びとは「五島は極楽行てみりゃ地獄」と唄った。それでも移住前に比べれば、キリシタン弾圧はまだましで、人びとは細々と信仰を続けた。2017年、私は2度にわたって五島列島を訪れた。山ばかりで平地が少ないという環境のなか、信仰がなければ生きていけなかった人びとの思いが、少しだけわかった気がした。

2018年5月4日、「長崎と天草地方の潜伏キリシタン関連遺産」（長崎県・熊本県）についてイコモス（国際記念物遺跡会議）がユネスコに「登録が妥当」と勧告した。

第3章　日露戦争と大逆事件

1. 人海戦術

明治の日本は、四つの大きな外交的な事件や戦争を起こしている。一つが江華島事件（1875年）である。日本の軍艦が朝鮮の許可を受けずに漢江付近を測量したとき、朝鮮側から砲撃を受けたことを口実に、日本軍は江華島砲台を攻撃・占領した。翌年に日朝修好条規を結んだが、日本の領事裁判権を認めるという朝鮮にとって不平等な条約だった。

二つ目が1894年の日清戦争と台湾の植民地化である。日清戦争の主たる戦場は朝鮮半島だった。当時、朝鮮半島では東学の農民たちが土地制度の改革を求め、朝鮮政府に対し蜂起していた。東学とは、朝鮮各地に広まっていた人間の平等を説く宗教である。これを鎮めようと朝鮮に出兵していたのが日本と清だった。いったん政府と和解した東学農民軍だったが、日清戦争が始まると、戦争を進める日本軍に非協力をつらぬき、闘争に立ち上がることもあった。日本は農民軍を徹底的に弾圧し、そのため多くの死傷者が出た。

イギリスの後押しを受けて日清戦争を始めた日本は、領事裁判権の撤廃に成功する。日本との戦いに敗れた清は、翌年下関条約を結び、巨額の賠償金を支払うとともに、遼東半島と台湾・澎湖島を日本領に譲渡した。ロシア、ドイツ、フランスによる三国干渉で遼東半島は清に戻されたが、台湾は日本の植民地になった。台湾の人びとは抵抗運動に立ち上がった。ロシア、ドイツ、イギリス、フランスは中国内の重要地域を租借地とし、勢力を拡大しようとした。

三つ目が1904年の日露戦争である。19世紀後半、資本主義を急速に発展させた欧米諸国は、軍事力や経済力を背景にアフリカやアジアなどの国々を植民地とした。日露戦争は帝国主義国の仲間入りをしようとしていた日本と、大国ロシアの朝鮮半島・満州をめぐる対立から始まった。

1899年、中国の遼東半島で義和団と呼ばれる農民軍が、「清国内の外国を滅ぼす」というスローガンを掲げ、北京の外国公使館を包囲した。8カ国の連合国軍が出動し事件を鎮めたが、その中心になったのはロシア軍と日本軍だった。清に代わってアジアへの足場をつくろうとしていたロシアに対し、イギリスは日本と日英（軍事）同盟（1902年）を結んでロシアをけん制した。フランスと結んだロシアと、イギリスと結んだ日本との対立は決定的になった。日本は日清戦争で得た賠償金の大半を使って軍事力を拡大し、軍艦をイギリスから購入、海軍力の増大につとめた。こうした準備を重ね、日本から宣戦布告、日露戦争が始まった。

日露戦争は世界で最初の帝国主義諸国間の戦争であり、近代兵器戦でもあった。ロシア軍が使用した機関銃に日本軍は苦しめられ、動員された日本兵100万人のうち、約8万人が戦病死した。病死のなかには脚気《かっけ》による者もいた。脚気とは栄養不良から起こる病気である。ロシア軍の戦死者は日本の半分足らずであり、戦死者が多かったのに「勝利」したことで、日本軍のなかに「大和魂」などの非科学的な考えが広がり、のちのアジア太平洋戦争での膨大な戦死者につながることになった。

私は南太平洋のサイパン島やテニアン島を訪れたことが何回かあるが、いつも驚かされるのがアメリカ軍に破壊された旧日本軍の大砲の残骸に「明治」の刻印があることである。日露戦争で使用された大砲を、40年後の対米戦争でも使ったのだ。日本軍指導部による人命軽視の人海戦術が続いていたことに愕然とする。

日露戦争の終結は、兵隊の動員でも戦費でも限界にあった日本と、革命の嵐が吹き荒れるロシアの双方の要求により実現した。1905年、アメリカ大統領の仲裁でポーツマス講和条約が結ばれた。条約により、日本は朝鮮半島での優越権をロシアに認めさせ、また大連・旅順などの中国内のロシア租借地を譲り受け、後に南満州鉄道と呼ばれる鉄道の権利を手に入れた。日本の民衆は、ロシアから賠償金をとれなかったことに憤慨し、東京の日比谷などで焼き討ち事件を起こすが、この事件を機に日本の警察権力は民衆を国家政策遂行のために利用することを思いつく。この政策は日本のファシズム成立の大きな要因ともなった。なお、日本各地に日露戦争顕彰碑が建立されているが、その多くは日中戦争前の昭和期のものである。このころの日本の人びとにとって、「戦争」とは第一次世界大戦ではなく、日露戦争のことだった。日露戦争の延長線上にアジア太平洋戦争があったのだ。

四つ目が韓国併合である。1910年8月、日本は韓国を併合（植民地化）し、朝鮮総督府を置き、初代長官に伊藤博文が就任した。朝鮮では「教育勅語」による皇民化教育がすすめられた。朝鮮の学校では日本語の使用が強制され、修身の時間が設けられた。朝鮮半島への日本人の移住も多くなり、1940年には240万人近くに達した。

2. 足尾鉱毒事件

産業革命とは工場などが機械化され、社会の様子が大きくかわる状況を指す言葉である。イギリスで始まり、フランス、ドイツ、アメリカ、そしてロシアなどに広がっていった。日本の産業革命は、日清戦争（1894年）前後に繊維産業などの軽工業の分野で始まり、日露戦争（1904年）前後に鉄鋼などの重工業の分野で進行した。

日本の輸出を支えたのは、紡績や製糸などの繊維産業で働く女子労働者（女工）だった。彼女たちは低賃金で12～14時間も働き、安価で良質な輸出用繊維をつくり出した。女子労働者たちのなかには不衛生な寮生活、徹夜作業も当たり前の重労働により肺結核で亡くなる人も多かった。彼女たちは農村からの出稼ぎ労働者だった。

一方、農村では米作とともに、生糸を生み出す蚕の餌になる桑の作付けが増え、生糸の価格が下落すると土地を手放し小作人になる農民も増えていった。大地主になり、小作人を支配する農民も登場する。貧富の格差が広がったのである。小作料は収穫の約半分であり、蓄えた富をもとに鉄道や銀行経営を始める大地主もいた。小作人のなかには、農村では生活できなくなり、都市に出ていく者が多くなる。貧しい家の子どもたちは、工場労働者として働いた。工場の吐き出す煤煙で空気は汚染され、流される汚水で川の魚は死んだ。このように、産業革命は人びとの暮らしを豊かにしたという面と、貧富の差を拡大し公害を生み出したという負の側面を持っている。

栃木県の足尾鉱山では、輸出用の銅を精錬していた。1890年ごろから渡良瀬《わたらせ》川に鉱毒が流されるようになり、下流の魚が浮き上がり、田畑が使えなくなるという事件（足尾鉱毒事件）がおこった。地元選出の衆議院議員だった田中正造は、鉱山の操業停止と農民の救済を政府に訴える運動を起こした。天皇に直接手紙を手渡そうと、直訴状をしたためたこともある。

ここで秋水の足跡を少したどってみよう。中江兆民の元を出た秋水は、23歳のとき板垣退助主宰の「自由新聞」の記者になった。兆民に「お前は文学的な人間で、役人には向いていない」と言われていた。そこで秋水は「医者や役人、商人はいやだ。新聞記者ならば正しいと思うことを主張できる」と考えた。「自由新聞」で秋水は英文の翻訳を担当する。翻訳により、英語力が磨かれることになった。

１８９８年、幸徳秋水は日刊紙「萬朝報《よろずちょうほう》」に入社し論説を書くことになった。「萬朝報」とは黒岩涙香が１８９２年に創刊した新聞で、権力者のスキャンダルを執拗に追及し、順調に発行部数を伸ばしていた。秋水はこの新聞の人気論客となっていく。

田中正造（1841〜1913）

日清戦争後の労働運動を抑えるため、山県有朋内閣が治安警察法（１９００年）をつくった時、幸徳秋水は「萬朝報」紙上で、人びとの言論、集会、結社の自由を奪うことは権力者による自己利益を守るための卑しい行為と攻撃し、憲法のもとでのまともな政治はできないと主張した。そして同年、自由党が政府寄りになったことに憤った、中江兆民の手紙を受け取った秋水は、「ああ自由党死すか、而《しか》して其の光栄ある歴史は全く抹殺されぬ」で始まる「自由党を祭る文」を「萬朝報」に発表する。

１９０１年、幸徳秋水は『廿世紀の怪物　帝国主義』を出版する。序文を書いたのは、「萬朝報」で同僚のキリスト者内村鑑三である。秋水はこの本のなかで、自由競争が帝国主義を生み、弱肉強食の世になっている、人びとが幸福と利益を求めるのではなく、少数の支配者が思うがままにふるまおうとしている、と警鐘を鳴らしている。また、帝国主義者の政策として、愛国心と軍国主義を挙げる。その上で多数者のための国家にするため、社会主義革命が必要だと説いている。『廿世紀の怪物　帝国主義』は、レーニンの『帝国主義論』（１９１７年）よりも早く、帝国主義の本質を究明した著作として今日注目されるようになった。近年、フランス語版も出版された。

この年の暮れ、東京麻布の秋水の家を訪ねたのが田中正造である。秋水は妻帯者となっていた。正造は秋水に天皇への直訴文を書いてくれるよう依頼する。「自由党を祭る文」以来、秋水は名文家としても知られるようになっていた。正造の熱意に押されたのだろう、秋水は徹夜して直訴状を書き正造宅に届けている。

３．戦争反対の急先鋒

１９０２年、幸徳秋水は『社会主義神髄』を出版する。この本は大ベストセラーとなった。『社会主義神髄』で秋水は、近代工業の発展が必ずしも人びとを幸せにしていないのは、自由競争による労賃の低下と、格差の拡大にあると喝破する。自由競争社会を克服するのは社会主義しかないと秋水は説く。天皇制についての不十分な記述はあるが、日本近代史上の名著であることは疑いない。

1903年、日露戦争開始前年、ほとんどの新聞が主戦論（戦争支持）へと舵を切った。「萬朝報」も社主・黒岩涙香が主戦論になったため、幸徳秋水は同志である堺利彦と連名で「退社の辞」を新聞紙上に発表し、新聞社を去った。その足で、幸徳秋水と堺利彦は仲間とともに平民社を結成、「平民新聞」を創刊する。

翌年、日露戦争開戦が迫るなか、幸徳秋水は1月17日付「平民新聞」に「吾人は飽くまで戦争を否認す」と激しい反戦論を展開した。3月27日付同紙に秋水は「ああ増税！」を掲載する。戦争遂行のための大増税に反対したのである。「ああ増税！」は新聞紙条例違反となり、「平民新聞」は発行停止、罰金刑と編集責任者である堺利彦は禁固刑となった。その後の秋水らの努力にもかかわらず、1905年1月、「平民新聞」は第64号で廃刊した。秋水は身も心もボロボロになっていた。

秋水はアメリカのサンフランシスコに行くことを決意する。サンフランシスコは日本移民の街だった。捕まる前に自由なアメリカに行き、心身をいやそうとしたのである。

4. 平民社サンフランシスコ支部

1905年8月10日、幸徳秋水はサンフランシスコのアルバート・ジョンソンに宛て、小田原の加藤時次郎宅から手紙を書いている。加藤は医者であり、秋水の渡米費用のカンパなどをしていた。加藤は、京都府須知の岩崎革也などとともに秋水の有力な支援者の1人だった。

秋水にジョンソンを紹介したのは、平民社サンフランシスコ支部の岡繁樹である。岡は秋水と同郷だった。ジョンソンは、サンフランシスコとオークランドを往復する汽船の石炭焚の火夫であり、無神論者でもあった。ジョンソン宛ての手紙によれば、秋水は渡米（最初はヨーロッパにも行く予定だった）の目的を三つあげている。

一、コミュニスト（共産主義者）またはアナキスト（無政府主義者）の万国的連合運動に、もっとも必要な外国語の会話と作文を学ぶために（私は英文を読むことができますが、しかし、これを書いたり語ったりすることが困難です）。二、多くの外国革命党の領袖《りょうしゅう》を歴訪し、そして、彼らの運動から何ものかを学ぶために。三、天皇の毒手のとどかない外国から、天皇をはじめとして、その政治組織および経済制度を自由自在に論評するために。※1

また、10月6日付の笹原定次郎（山形）に宛てた幸徳秋水の手紙には、渡米の目的が次のように記されている。

…第一に健康の恢復、第二に彼の地の日本人の同志糾合、日本との運動連絡、それから出来得べくんば日本の法律の下にて成し能《あた》はざる議論意見を彼の地に発表することに力《つと》めたい、又日本にて運動為し得る余地が少しでも出来れば直ぐ運動する積《つも》り。※2

手紙の中に「健康の恢復」とあるのは、前年2月28日付「平民新聞」52号に掲載された石川三四郎の「小学教師に告ぐ」がきっかけで、「平民新聞」が新聞紙条例違反に問われ、発行名義人の西川光二郎と印刷名義人の幸徳秋水が5カ月の実刑を受け巣鴨監獄に入獄、獄中で健康を害したためそう書いたのである。「平民新聞」は日露戦争に反対の論陣を張っていたため、発禁などの弾圧をたびたび受けていた。

5カ月の監獄生活は、病身の秋水をさらに衰弱させ、体躯はやせ衰えた。出獄後は寝たきりで、筆もとれないほどだった。平民社の留守役をつとめていた堺利彦は、「幾ら痩せても善い、病うても居ても善い、君が出て来て呉れさすれば、それで僕は千人力だ」（「直言」26号）と書いている。※3「直言」は「平民新聞」の後継紙である。

1905年11月14日、幸徳秋水一行を乗せた伊予丸は横浜港を出発した。同行したのは、西沢八重子（岡繁樹〈65頁〉の妻の友人）、留学を希望する加藤時次郎の長男・時也、画家志望の甥・幸徳幸《ゆき》衛《え》である。※4渡米費用は、加藤時次郎が船賃170円と渡米中の生活費50円を毎月送ることを約束した。その他、幸徳駒太郎が260円、細野二郎と竹内虎治が200円、福田和五郎が100円、小島竜太郎が50円、大石誠之助が30円を、餞別として秋水に渡した。これらの金のうち300円は出獄後に消費し、100円を妻の生活費に渡し、同行する甥の船賃を差し引くと、手元に残ったのは300円（150ドル）であった。※5

伊予丸での15日間の船旅の末、秋水一行はシアトルに着いた。11月29日のことである。シアトルには大勢の日本人が移民しており、幸徳秋水の名声はこの地にも届いていた。大歓迎を受けたあと、12月1日の夜には日本人公会堂に500人の聴衆が集まり、秋水の演説を聞いた。その後、秋水の滞在先には絶えることなく来客があり、晩餐会にも招かれた。日本では、警察に妨害され、入獄まで経験したのに、アメリカは別天地であった。「来客絶えずして休養の暇なし」と秋水は日記に記す。日系人が多いサンフランシスコには、平民社桑港《サンフランシスコ》支部があった。平民社解散後に発行された週刊新聞「光」に、アメリカ在住の幸徳秋水が寄稿している。

昨一日は、（オークランドの）日本人会堂において、わたくしのために演説会がひらかれました。……聴衆は、会堂いっぱいでありました。多分五百名ぐらいはありましたろう。警部も巡査も私服の刑事もいないところで、さる二月入獄以来の沈黙をはじめてやぶり、自由に正直に「戦後の日本」という問題について、所見をのべる一時間半、すこしく胸がすいたように思いました。

わたくしは、この地の日本人青年中にも、また多少の社会主義者、もしくは社会主義研究者を見いだしました。

なお当地に滞留をすすめてくれる人もありましたが、サンフランシスコ平民社支部の模様も見たい、支部の諸君も至急の来遊をうながしてきたので、明三日の夜出発、サンフランシスコに向かうことにしました。

（オークランドから）十五分でサンフランシスコの埠頭につく。ここにも、岩佐・市川・中沢・倉持、その他十余名の同志諸君が、出むかえてくれた。……故国における同志諸君よ。東京における平民社は、解散した。いや、解散させられた。「直言」は、停止された。失意の客、敗軍の人として、ひとりションボリこの地にきたわたくしが、たちまち広壮な洋館の入口に、和英両様の金文字で、「平民社桑港支部」という黒板の看板がかかげられているのを見たときの愉快さは、いかばかりであったか。見よ、平民社は、まだ解散しないのである。平民社は、いまなお存在しているのである。あの連中の毒手のとどかないところで、その分身が、これから大きな成長をしようとしているのである。とにかく、わたくしは、この地におれば、生活の方法も立ちそうだし、当分静養かたがた、この地の事情に通じたうえ、さらにこの地に平民社の事業の根拠をおくことに尽力してみたい、と思う。

集会も、言論も、出版も自由で、金銭ももうけやすいこの地において、熱心な運動をしたならば、日本社会運動の策源地・兵站《へいたん》部、および迫害された同志の避難所をつくりだして、ちょうどロシア革命党員がスイスを運動の根拠としたようになりはしないかと思う。これは、わたくしの空想かもしれないが、できるだけはやってみるつもりである。※6

サンフランシスコで、秋水はフリッツ（Rose Fritz）夫人の家を間借りした。夫人を紹介したのは、アルバート・ジョンソンである。夫人はロシア出身の未亡人で、ロシア社会革命党（エス・エル）党員でもあり、熱心なアナキストだった。年齢は40歳ぐらい。フリッツ夫人には、声楽家志望の娘のアンナ（Anna Fritz、17歳）がいた。ジョンソンが無政府主義者の女性を秋水に紹介したのは、8月10日付けのジョンソン宛ての手紙のなかで「事実、小生ははじめ『マルクス』派の社会主義者として巣鴨刑務所にはいったが、過激な無政府主義者となって帰って来た。しかしながら、この国でアナキズムを宣伝することは死刑あるいは無期、少なくとも数年間は入獄しなければならない。それゆえ、この運動は全く秘密のうちに行われなければならず、進歩と成功のためには長い年月と忍耐が必要

である」と書いていたので、ジョンソンが手配したのだと考えられる。※7
秋水にとって入獄体験は、権力の否定と無政府主義への思想的転換になったのではないかと、絲屋寿雄が指摘しているが、※8そうした思想的転換をさらに補強するかのように、フリッツ夫人により「普通選挙の無用」や「治者暗殺のこと」などを吹き込まれた。※9だが、幸徳秋水のなかで共産主義と無政府主義はまだ混在しており、理念としての共産主義、手段としての無政府主義というようなかたちで補強しあう関係にあったのではないかと、大河内一男が述べている。※10
12月16日の夜、秋水はサター街のゴールデンゲート・ホールで「戦後に於ける日本国民について」という題で、日露戦争後の日本の情勢に関する演説を行った。翌年の1月21日の夜には、オークランド・メールホールでのロシア革命同情集会が開かれ400余人の参加があったが、30~40人の日本人もそのなかにいた。この集会で、IWW（世界産業労働組合）代表のアンソニー・オリーブ・ジョンソン夫人、アメリカ社会党のアウンスン・ルイスとともに、幸徳秋水は演壇に立ち、熱烈なロシア革命支援演説を行っている。※11
翌年も幸徳秋水は、集会参加や演説、執筆など多忙な日々であった。1906年4月18日午前5時12分、秋水はサンフランシスコ大地震（マグニチュード7・8）に遭遇する。死者は約3千人、20万人以上が家を失った。火災は3日間続き、市内中心部が焼失した。秋水はこう書いている。
予は桑港（サンフランシスコのこと）で今回の大震災に就いて有益なる実験を得た。夫れは外でもない、去る18日以来桑港全市は全く無政府共産制の状態に在る。商業は総て閉止。郵便、鉄道、汽船総て無賃。食料は毎日救助委員より頒与する。食料の運搬や病人負傷者の収容、介抱や、焼跡の片付や、避難所の造営や、総て壮丁が義務的に働く。買うとは云っても商品が無いので金銭は全く無用の物となった。財産私有は全く消滅した。面白いではないか。併し此の思想の天地も向う数週間しか続かないで、また元の資本私有制度に返るのだ。惜しいものだ。（4月24日付、雑誌「光」への寄稿）

サンフランシスコ大地震（1906年4月18日）

　震災後に秋水が見たのは、サンフランシスコにおけるアナキズムの現実だった。政府は機能していないが、人々は相互扶助により社会を維持しようとしたのである。この体験は、秋水を議会主義からサンジカリズム（労働組合主義）へと転換させる契機となったという。労働組合のゼネラルストライキにより、日本で革命を起こすことを秋水は決意したことになる。もっとも、渡米以前クロポトキンなどを読み、議会主義からアナキズムへの傾倒を強めつつあったことは、ジョンソンへの手紙から読み取ることができる。5月2日、秋水は焦土となったサンフランシスコを去り、オークランドに移る。

　２０１３年3月15日、私は東京大学社会科学研究所（東京都文京区本郷）を訪れ、東京大學社會科學研究所紀要『社會科學研究』

第9巻第1号（1957年）を閲覧することができた。その中に、ハイマン・カブリン（ブルックリン・カレッヂ歴史学部教授）編「幸徳秋水の一米人アナキストへの書簡集」があり、アルバート・ジョンソン宛の幸徳秋水の英文の手紙全文(津田真澂・白井泰四郎により一部翻訳)が掲載されていた。なお、この書簡18通は『幸徳秋水全集』（1972年、明治文献）に収められている。書簡集の解説によれば、「大逆事件」（1910年）の陰謀を暴露することを目的に書簡集は発刊されたという。

アメリカのアナキスト、アルバート・ジョンソンに宛てた幸徳秋水の書簡は、合衆国では約45年ほど前に発刊された。それらは一般に従来日本の学者は研究に利用することができなかった。それらは有名なアンマ・ゴールドマン（Emma Goldman）の編輯になるアナキストの月刊雑誌「Mother Earth」誌の1911年8月、9月、11月各号に連載されたものであるが、それは幸徳秋水に加えられた告発に反駁するとともに、日本国家のおそるべき陰謀を暴露することを狙いとして出されたものである。これらの書簡がどのような経路で出版者の手に入ったのかを完全に確かめることはできない。しかし手に入れ得る証拠の示す所によると、それはおそらくジョンソン自身から「Current Literature」誌のレナードD・アボット（Leonard D.Abbott）に渡されたものだろう。アボットはついでそれらの書簡を、「Mother Earth」誌にしばしば寄稿し、時にはその編輯者にもなっていたヒポリット・ハヴエル（Hippolyte Havel）の手に移した。これらの書簡が最後に出版されたとき、原文にはハヴエルの短い紹介が附されていた。※12

8通目の書簡は次のようなものであった。簡易訳とともに掲載しよう。

San Francisco,May 29th 1906 5 P.M.

Mr.Johnson

Dear Comrade :_I came here to-day(afternoon). I regret that I could not call on you, because I did not know where you are.

I have composed poem of farewell in Chinese language. It is in style of ancient classic. I will write it on Chinese paper and send you. I think I can post tomorrow. It will be addressed to the Alameda.

I will stay in Oakland till June 1st. On that day we are going to hold a meeting for the organization of Japanese Social Revolutionarty Party at the Oakland Socialest headquarters.

Yours for the revolution,

D.Kotoku

１９０６年５月29日、午後５時　サンフランシスコにて

ジョンソン様

本日午后当地についたが貴下の所在がわからないので訪ねられなかった。告別の漢詩をものにし、中国語紙にのせて貴下に送る。６月１日までオークランドにいるが当日はオークランド社会党本部で日本社会革命党組織のための集合をもつ予定。

幸徳

明治39年6月1日、幸徳秋水はオークランドのテレグラフ街白人社会党本部に日本人同志50人を集め、社会革命党を結党する。その綱領は幸徳秋水が起草した。中心となったのは、岡繁樹、倉持善三郎、岩佐作太郎、竹内鉄五郎ら日本移民たちであった。この場にジョンソンも同席しているので、29日に渡す予定だった漢詩（69頁）をこの時に渡したと考えられる。秋水が岡繁樹を伴い香港丸に乗り、サンフランシスコ港を離れるのは、6月5日のことである。

帰国直前の1906年（明治39）6月1日オークランド、テレグラフ街で写した写真。向かって右から4人目が幸徳秋水、1人おいて左隣がアルバート・ジョンソン。ジョンソンの左が岡繁樹。右端が幸徳幸衛。「社會革命党」の旗を持つのは在米日本移民たち。幸徳秋水の動静を調べ、日本領事館に情報を提供した人物（川崎巳之太郎と巽鉄男）も写っているという。[※13]　出所：絲屋寿雄『幸徳秋水』（1973年、清水書院）より

　サンフランシスコ日本移民社会運動家たちの中で、リーダー格となっていた岡繁樹について書いておこう。高知県安芸町出身で従兄でもある黒岩周六（涙香）の経営する「萬朝報」の記者を岡はしていたが、同僚を殴り退社、アラスカで鮭漁夫などをして金を稼ぎ、サンフランシスコで印刷業を開業。ポスト街に平民社桑港支部を結成するなど、アメリカにおける日本人社会主義運動のリーダーとなっていた。[※14]

　アルバート・ジョンソンらと連絡を取り合いながら、日本移民たちは社会運動に立ちあがってゆく。その

背景には、日本移民に対する過酷で差別的な労働環境と、アメリカにおける社会運動の高揚があった。ジョンソンが石炭を焚く火夫の仕事をしていた汽船は、サンフランシスコとオークランドを結んでおり、この二つの都市がアメリカ日本移民たちの社会運動の中心地だった。そうしたなかで、平民社サンフランシスコ支部が結成され、社会革命党が結党されたのだ。

岡繁樹（1878〜1959）

平民社桑港支部の同志たちと（左端が幸徳秋水）

5．アメリカ西海岸での日本移民の歴史

ここでサンフランシスコなどアメリカ西海岸への日本移民の歴史を振り返っておこう。サンフランシスコ日本総領事館のホームページには、日本移民について次のように紹介されている。

1894年からは、日本人労働移民の流入が本格化し、1908年までの15年間で、合計12万5千人の日本人が、西海岸へ流入したと言われている。当初は、「出稼ぎ」のように短期間就労する目的での渡航が主であったため、比較的若年の男性が単身渡米していたが、1907年から翌年にかけて、「日米紳士協定」が結ばれ、この制度の下、日米両政府は労働移民の発生を抑えるため、日本人の渡米制限をする一方、既に在留していた日本人に対しては家族の呼び寄せが認められ、女性を中心とする家族移民が流入するようになった。そのなかには、写真を交換しただけで婚姻関係を結んだ「写真花嫁」(picture brides) と呼ばれる女性たちも含まれている。

このように、日系人一世の社会が家族中心のものとなるにつれ、日本人が多く住む「日本人町」が各地に形成され、1910年頃までに、こうした日系コミュニティは、日本人会、日本語学校、邦字新聞、各種宗教施設などを作りながら拡充・発展を遂げた。その後の中国人排斥運動を経て、反アジア的風潮が高まるなかでも、日本人移民の人口は増え続けたことから、日本人移民排斥運動が各地で発生した。※15

6. 大逆事件

「大逆事件」(1910年5月～) が起こったのは、幸徳秋水帰国4年後のことである。翌年1月18日に幸徳秋水らの死刑決定が報じられると、世界各地で抗議運動が巻き起こった。端緒となったのは日本移民たちの抗議行動であった。カナダやアメリカに日系社会が形成され、社会運動が盛んになっていたことが、こうした抗議行動の背景にあった。弾圧の厳しい日本を逃げて、アメリカ大陸で労働運動や革命運動をする者が少なからずいたのである。

幸徳秋水らの死刑執行直後の1911年1月24日、オークランドのウェブスター・ホールで日米合同の大抗議集会が開催され、25日には在米日本人社会主義者・無政府主義者19人がサンフランシスコの朝日印刷所で「幸徳事件死刑者追悼会」を開催した。彼らは「在米日本革命党」の名前で声明を発表し、1月24日を革命記念日とすることを宣言した。※16

当時バンクーバーで働きながら学んでいた山本宣治（のち労農党代議士、1929年暗殺）は、アメリカやイギリスでの抗議行動のニュースを耳にする機会があり、将来日本に帰ったときの思想弾圧を考えると暗澹たる気持ちになったという。1911年7月9日のカナダからの父母宛の手紙に「大日本国も近頃大逆事件以来思想の圧迫は余程滑稽に見える」と書き送っている。※17

幸徳秋水の墓（四万十市）

幸徳秋水辞世の詩碑（四万十市）左は筆者

なお、山本宣治は1914年、日本フェビアン協会の講演旅行で、サンフランシスコで幸徳秋水と社会革命党を結成した岩佐作太郎とともに、秋水の故郷・土佐中村に行っている。そのときに岩佐から秋水のことを聞いたのではないだろうか。ただ、山本は岩佐らのアナキズムに対しては一貫して懐疑的な考え方であった。

幸徳秋水が半年暮らした、1924年の排日移民法成立以前のアメリカは、日本各地からの移民の坩堝《るつぼ》であった。しかし、1920年代後半から、アメリカへの日本移民の移住先はブラジルなど南米に移行していく。

7．秋水と漢詩

幸徳秋水は、8歳より漢詩を書いたという。明治の知識人には、漢籍の素養があった。漢籍を基調とした抜群の文章力と斬新な切り口の論説により、秋水は文壇の寵児となった。だが、秋水の論説が急進的になるにつれ、官憲の弾圧も激しくなる。秋水は、大逆事件で刑死するまで、戦争へと進む近代日本の権力に抗い続けた稀代の思想家であった。

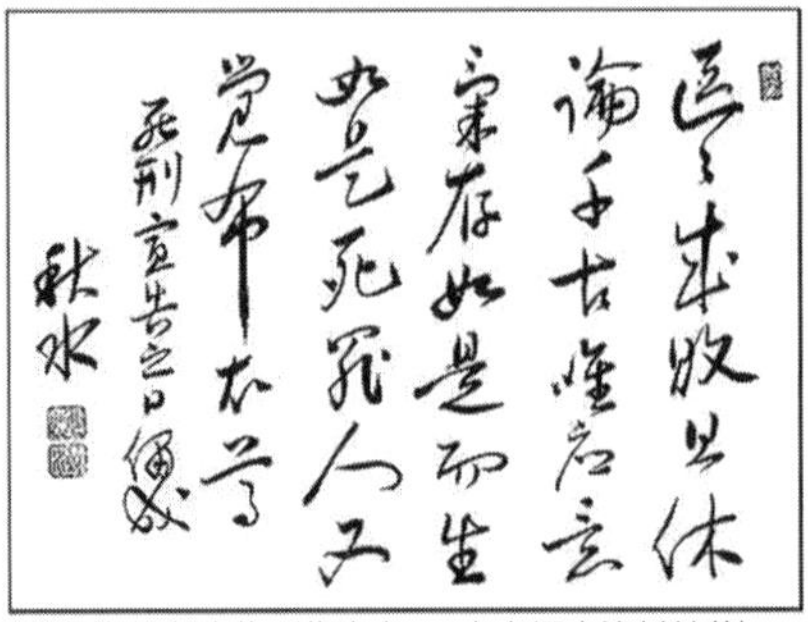
幸徳秋水辞世の漢詩（四万十市郷土資料館蔵）

辞世の漢詩で秋水は自らを客観視し、死を静かに受け入れようとしているかにみえる。

区々成敗且休論　区々たる成功失敗且く論ずるを休めよ
千古唯応意気存　千古　唯応に意気に存すべし
如是而生如是死　是の如く生きて　是の如く死す
罪人又覚布衣尊　罪人又覚ゆ　布衣の尊きを

一海知義は、死刑宣告之日偶成（1910年1月18日に書いた）幸徳秋水の辞世の漢詩を、次のように現代語訳している。

第47179号　京都新聞（夕刊）　2013年（平成25年）6月22日　土曜日

京都新聞　夕刊

幸徳秋水筆の漢詩発見

米無政府主義者宛て「世界のみんなが兄弟」

左京の住宅、教諭が確認

社会主義運動の貴重資料

出所：『京都新聞』2013年6月22日夕刊

「こまごまとした成功失敗について、今あげつらうのはやめよう。人生への意気込みを捨てぬことこそ、古今を通じて大切なことだ。このように私は生きてきて、このように死んでいくが罪人となってあらためて無官の平民の尊さを覚えることができた」※18

2013年に筆者が京都で発見した幸徳秋水の漢詩「臨別贈約翰孫翁」（真筆）は、アメリカのサンフランシスコの無政府主義者であるアルバート・ジョンソンに贈られたものである。秋水の辞世の漢詩とジョンソンに贈られた漢詩は、署名と印章が同じである。

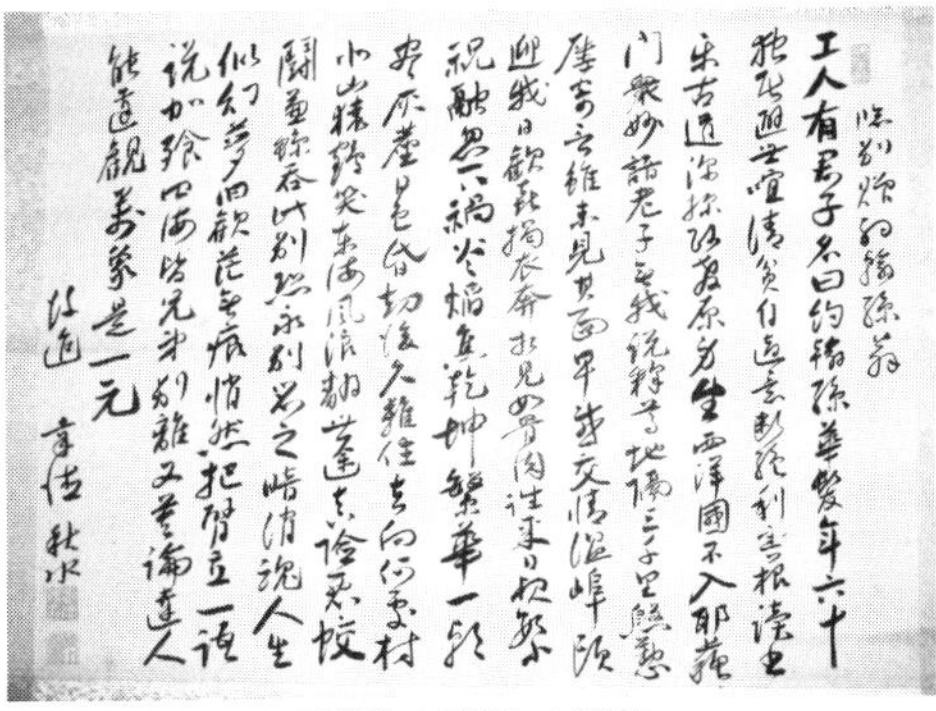

幸徳秋水が書いた漢詩

終章　歴史認識と憲法問題

1．明治憲法と弾圧立法

大日本帝国憲法（明治憲法）により、日本はアジアで最初の立憲国家になったといわれる。天皇を神格化した憲法とはいえ、大正期には美濃部達吉の「天皇機関説」が学会の定説となるなど、憲法成立の意義は少なくなかった。伊藤博文は、君主権の強いプロシア憲法を参考にして明治憲法をつくったとされるが、いくつかの可能性を持っていた憲法だったのだろう。

明治憲法の制定は秘密裏に行われた。自由民権派は憲法草案を準備した。そのなかには植木枝盛の作成した「東洋大日本国国憲按」（1881年）のように人民の革命権を規定したり、五日市憲法草案のように表現の自由についての規定を設けたりするラジカルなものもあった。これらの規定は、現在の日本国憲法につながるきわめて民主的なものである。

明治憲法の成立は、歴史教科書で大きな項目で取り上げられている。「軍人勅諭」（1882年）や「教育勅語」（1890年）、のちの「戦陣訓」（1941年）などは、学校や軍隊のなかで天皇を神格化していく役割を果たした。学校や軍隊の教育は家庭や地域に持ち込まれ、日本全体が軍国主義化していく推進力となった。しかし、現在使用されている歴史教科書は、「保安条例」など自由民権運動に対する弾圧法についてはほとんど書かれていない。

主な弾圧法と特高警察沿革史を掲載しよう。

【主な弾圧法】

１８８０年　集会条例
１８８７年　新聞紙条例
１８８７年　保安条例
１９００年　治安警察法
１９２２年　過激社会運動取締法案（廃案）
１９２５年　治安維持法
１９２９年　改正 治安維持法
１９３６年　思想犯保護観察法
１９４１年　全面改正 治安維持法

【特高警察沿革史】

１９１０年　大逆事件を受けて、社会運動対象の特別高等課設置
１９１１年　幸徳秋水・菅野須賀子ら死刑になる。
１９１１年　大阪府に警察部長直属の「高等課別室」が設置、のち特別高等課に昇格
１９１３年　特別高等課は特別高等警察（特高）・外事警察・労働争議調停の三部門を担当する

課となる

1922年　日本共産党結成

1922年〜1926年　北海道・神奈川・愛知・京都・兵庫・山口・福岡・長崎・長野など主要府県の警察部にも特別高等課設置

1925年　治安維持法制定　特高警察の法的根拠ができる。

1928年　三・一五事件をうけ、全府県に特別高等課設置。全国的な組織網が確立

1929年　治安維持法の最高刑が死刑に。山本宣治暗殺。

1931年　満州事変

1933年　小林多喜二が特高に虐殺される。

社会運動への弾圧法は、明治期より大正、昭和期に狭間なく整えられていったことがわかる。治安警察体制の整備は、「大逆事件」を機に一気に進んだ。改悪治安維持法を前に右傾化して行った社会民主主義政党と、孤高の存在となっていった旧労農党（日本共産党が指導）との間の深い溝は深刻なものがあった。戦前、無産政党が統一的戦いを組むことができなかったのは、成熟した市民運動が不在だったからではないか。今日の情勢との違いはそのあたりにある。

安倍晋三という特異な歴史観をもった首相の登場は、世界的に拡大するナショナリズムの一つの表われだろう。ただ、これほどの非科学的復古主義歴史観の広がりは、他国にはあまり見られず、日本に特有の現象かもしれない。アベノミクスという禁じ手ばかりの金融中心の経済政策による「円

安株高」演出は、首相の威勢の良い掛け声とは裏腹にすでに行き詰まりを見せている。大企業が空前のもうけを謳歌するのに反して、庶民の懐には北風が吹いている。北風を感じさせないためのしかけがマスコミの操作である。安倍首相は、自らの歴史観の普及、その到達点としての憲法改悪の道具としてしか、経済を捉えてないのではないか。

明治期の日本社会では、イギリス流の立憲君主制の道、フランス流の急進的自由主義の道など多様な進路が模索されていた。しかし、国民の目と耳、口を塞ぐ治安警察体制が築かれ、日本は泥沼の戦争の道に突き進むことになった。戦時中、自由と民主主義を求める運動が抑圧された結果、敗戦後は民衆の手で戦争指導者を裁くことができなかったのである。

2．日本国憲法をよりどころに

それでも、アジア太平洋戦争敗戦の犠牲の上に、日本はようやく民主的な憲法を手にする。この憲法をよりどころとして、人びとは職場や地域で民主主義的価値観を広めていった。ときには基本的人権の確立を求め、裁判闘争に踏み出すこともあった。

２０１６年に１００歳で亡くなった昭和天皇の弟・三笠宮は、皇族としてもっともラジカルな歴史観を持つにいたった人である。軍参謀として南京大虐殺の現場である南京市に駐在した三笠宮は、１９９８年に江沢民中国国家主席が来日したとき、宮中晩餐会の席で日中戦争について「今に至るまでなお深く気がとがめている。中国の人々に謝罪したい」と伝えたと報道されている。戦前の紀元節の復活である「建国記念の日」にも反対し、著作もある。

憲法をめぐる問題は、日本という国のかたちをめぐる問題であり、すぐれて歴史的な問題、歴史観が問われる問題であることは、本書のなかでしばしば述べた。元老山県有朋はロシアツアーリズムをモデルとした、神格化された天皇を頂点とする支配体制を志向していた。一方、弾圧される側の革命家たちはロシア革命の影響を受けつつも、日本移民を通じて北米大陸からもたらされる社会主義思想を貪欲に吸収していった。「権力者のロシア、革命家のアメリカ」とも呼ぶべき思想交錯の時期が日本にはあった。

戦後の政治状況についても書いておこう。ここ数年、野党共闘の動きが強まり、現実政治の世界で日本共産党を排除することは少なくなった。とはいえ、演説会などで「私は共産党員ではありませんが…」と前置きする演者は多い。他の政党の演説会では聞かれない特異な表現である。偏見は共産党自身の努力によって解消しつつあるとはいえ、まだまだ根深いものがある。

私が就職したころ、京都府知事選挙で革新候補が敗れ、保守府政へと転換した。京都府の公立学校では、長い年月をかけて組合脱退工作が進められ、ある時期から脱退者自身が新たな脱退者を誘うことが常態化した。明らかな不当労働行為にもかかわらず、組合員は管理職になることができなくなった。現在まで続く反共主義の源流の一つは、戦後の企業や行政のなかで展開された戦後の労務政策にある。その出発点にあるのが、アメリカ占領軍によるレッドパージ（1950年）だった。官公庁や学校、大企業などで共産党員とそのシンパ、約1万人が解雇（追放）された。日本におけるレッドパージについては本書の守備範囲を超えるので、別の著作のなかで、歴史的な役割について述べたいと思う。

民主的に運営される私学に転職してから、ある管理職から言われたことがある。「差別され、左遷され、重要なポストから外されているうちに、知らず知らずのうちに精神が歪む。それが、反共主義的労務政策の真の狙いや」

思い当たるのは、中堅企業の秘書課に配属された女性の何気ない一言である。「組合の役員をする人って、仕事のできない人でしょう」

この女性に私はむきになって反論したが、こうした認識は確かに広がっていたのであろう。反共主義に染まった企業人や行政マンは、在職中は家族を通じて反共主義を地域に広げていった。また、定年退職後、彼らが反共主義の呪縛からなかなか解き放たれない例も多く見てきた。逆に、会社を去ったことで、曇りない目で人を見ながら生き方を変えていく人たちもいる。

私には、在職中に約8年間の地域運動の体験がある。3年間の組合専従生活から職場に戻ったとき、組合の役職を外れたことと、農村部への転居とが重なり、「組合の活動家が地域で何ができるか」を自分なりに模索したのである。障がい者のための共同作業所づくり、夏休み中の子どもたちの体験イベントのとりまとめ、行政に協力しての文化協会の立ち上げ、自治会創立と自治会館建設委員会活動、自治会長や、PTA役員就任など、いま考えてもよくやったと思う。

地域で主婦の人たちと活動しているときにはあまり感じなかったが、男性が役員に入ってくると私との間にさまざまの軋轢《あつれき》が生じるようになった。当初は旧村と新興地との間の対立だと感じていたが、必ずしもそうではなかった。

「君といっしょにやると、とるものもとれない」

「同じ色（赤）に見られたくない。損をしたくない」

本音とも冗談ともつかないつぶやきを聞くことになった。農業の傍ら地方議員になっている人が多かった時期よりも、団塊の世代が退職し地方議会選挙に立候補するようになってきた時期の方が議会のなかで共産党外しが多くなってきた。議会の空気が変わったのである。自治会役員や議員になる人たちのなかで、元企業人が増えるにつれて、企業のなかにあった反共主義をダイレクトに地域にも持ち込むようになったからではないか。

関西の二つの企業のなかにある、あからさまな差別事例について書いてみよう。一つはK電である。共産党員や支持者に対して、1969年以降、職場での孤立化、賃金差別、監視や尾行などの人権侵害・不当労働行為を行ってきた。「職場の誰も口をきいてくれなくなった」と涙声で語った労働者の声が忘れられない。1999年末、大阪地裁での和解成立により全面解決する。とりわけ賃金格差是正が行われたことは画期的だった。いや、これを画期的ということ自体、日本の職場環境がいかに非民主的なものだったのかを示している。

もう一つはM乳業である。会社に迎合する御用組合との合意を盾に大幅な合理化を1960年後半から進めてきた会社に対し、良心的な組合活動家はビラまきや職場討議などで抵抗した。組合活動の高揚に対し、会社側はインフォーマル組織を作って対抗する。京都工場では「都会」なる組織が作られ、昇進や賃金差別で脅しをかけた。活動家には「赤組」のレッテルを張り、職制を中心に「赤いゴキブリ」「赤い水虫」「職場秩序破壊者」などの罵声を浴びせたのである。人権侵害というより、人権蹂躙と言った方が正確だろう。

差別される者を強権的につくり出し、その者の近くに行くか、遠くで見るかの判断を迫る。悲しいことに人間は、今生きている自分を肯定しようとする。あんな風に差別されたくないという思いが、差別されている人たちにも理由があるのだと思いに切り替わるのには、そんなに時間はかからないのかもしれない。「自己肯定」していくうちに、思想までが改造されていく。

安倍改憲を阻止するため、職場から地域から憲法に基づいた民主主義のあり方を提起し、実践していくことが極めて大切になっている。安倍政権の歴史的な位置づけとともに、自らの思想・運動の歴史的意味についても学び直しが必要だろう。明治150年はそのための好機ではないだろうか。

おわりに

「これ読んだ?」

「はじめて見る本だよ」

「じゃ、貸すし」

借りた本の題名は、『橋のない川』だった。

青春のある時期に読んだ本の印象は、一生を左右するほど大きなものになる。自由主義的な雰囲気に満ちた群馬県立前橋高等学校入学直後、近くの席に座っていたHくんから住井すゑ『橋のない川』全4巻(当時)を借りた。大正時代の奈良の農村。いわれなき差別に苦しむ兄弟の成長を描くこの小説の冒頭は、幸徳秋水という思想家の話題から始まる。

「こうとくしゅうすい、名はでんじろう」

人間は平等だと説いた秋水の名が、大正期の小学生のあいだで広まっていたのだ。やがて物語は水平社創立へと展開していく。

秋水については中学校の歴史教科書で学んでいたが、日露戦争に反対した社会主義者という程度の知識しかなかった。秋水の思想が人びとの心をわしづかみにした様子が、小説から熱く伝わってきた。私は一晩で1巻を読み、続いて2巻、3巻、4巻を徹夜して読んだ。週末だったこともあり、体力勝負で何とか読了したが、大正期の社会運動のすそ野の広さと、そのドラマチックさに高校生の私は魅せられたのである。

「近代日本社会運動史の勉強をしたい」と思った私は、塩田庄兵衛先生のもとで学ぶため上京した。塩田先生は『日本社会運動史人名事典』（1979年・青木書店）の編纂者であり、社会運動史研究の第一人者だった。私は今まで、塩田先生を追いかけながら学んできた。たくさんの文章も書いてきたが、調べれば調べるほど塩田先生の背中は大きくなるばかりだった。

今回、日本機関紙出版センターの編集者・丸尾忠義さんから「明治150年について書いてみませんか？」とお誘いを受けたとき、真っ先に浮かんだのは塩田庄兵衛先生のお顔と、私が発掘した幸徳秋水の真筆（69ページ）だった。明治150年を政治史的に書くならば、いくらでも書き手はいる。けれど、社会運動史の視点からこれを書く人は意外と少ない。明治4年に生まれ、44年に刑死した幸徳秋水の人生を明治という時代に絡めたら、新しい視点の明治の本になるのではないかと考えた。「あまり専門的になっても困る」という編集方針もあり、中学校の歴史教科書程度の知識を前提に筆を進めた。

ここ数年間、月2回くらいのペースで歴史についての講演をしている。本書を書き溜めると、その内容を講演会で披露し、出席されたみなさんから意見を求めるようにした。本書に臨場感のようなものがあるとすれば、こうした方法をとったからである。なお、巻末の資料は、この1年間に発表した雑誌論文である。本書の内容をさらに深めるために掲載したので、興味があればお読みいただきたい。

本書では明治時代を守備範囲としつつも、大正・昭和前期、戦後の社会運動と、弾圧の歴史にも簡単に触れた。これらの本格的な研究については、2019年が治安維持法に命がけで反対し暗殺された山本宣治代議士の没90年ということもあり、ぜひまとめたいと考えている。
安倍晋三という政治家は、日本近代史を歪めるために明治という時代を利用しようとしている。彼は自分の手で憲法を改定し、名前を歴史に残そうとする「自己実現」を目指しているようだ。その歴史観は幼稚であるが、その幼稚さや「わかりやすさ」を受け入れる層が日本には確実に存在する。日本国憲法と日本の民主主義はいま危機のなかにいる。
本書が科学的な歴史観と人権思想の普及に少しでも役立つことを願って……。

２０１８年5月20日　自宅庭の小屋にて　筆者

……………………………………

【脚注】
※1　絲屋寿雄『幸徳秋水』人と思想51（清水書院、１９７３）１６５頁
※2　同１６６頁
※3　大河内一男『幸徳秋水と片山潜』（講談社現代新書、１９７２年）97頁
※4　絲屋寿雄『幸徳秋水』人と思想51（清水書院、１９７３年）１６５頁。なお、幸徳幸衛のその後の数奇な人生については、荒木傳「幸徳秋水と〝流亡の画家〟幸徳幸衛」（『初期社会主義研究』１９９９年第12号）に詳しい。
※5　塩田庄兵衛編『幸徳秋水の日記と書簡』（未來社、１９５４年）１３０頁
※6　『光』第1巻第5号、明治39年1月20日、「桑港より」（其の一）
※7　坂本武人『幸徳秋水』人と歴史・日本36（清水書院、１９７２年）１７３頁
※8　絲屋寿雄『幸徳秋水』人と思想51（清水書院、１９７３年）１６３頁

※9 坂本武人『幸徳秋水』人と歴史・日本36(清水書院、1972年)173頁
※10 大河内一男『幸徳秋水と片山潜』(講談社現代新書、1972年)113頁
※11 絲屋寿雄『幸徳秋水』人と思想51(清水書院、1973年)166~167頁
※12 東京大學社會科学研究所紀要『社會科學研究』第9巻第1号(1957年)
※13 神崎清『大逆事件』第一巻(あゆみ出版、1976年)
※14 絲屋寿雄『幸徳秋水研究』近代作家研究叢書53増訂版(図書センター、1987年)203頁
※15 http://www.sf.us.emb-japan.go.jp/jp/m01_09_06.htm
※16 佐々木敏二『山本宣治』㊤(不二出版、1999年)173頁
※17 佐々木敏二『山本宣治』㊤(不二出版、1999年)176頁
※18 http://www.city.shimanto.lg.jp/syuusui/doc/zeppitsu.html

【参考文献】※入手しやすいもの
田中彰『明治維新の敗者と勝者』(NHKブックス、1980年)
塩田庄兵衛『幸徳秋水』(新日本出版社、1993年)
遠山茂樹『明治維新』(岩波現代文庫、2000年)
山泉進『平民社の時代~非戦の源流』(論創社、2003年)
速水融『近世日本の経済社会』(麗澤大学出版会、2003年)
幸徳秋水『帝国主義』(岩波文庫、2004年)
井口和起『日露戦争―世界史から見た「坂の途上」』(東洋書店、2005年)
『現代に生きる幸徳秋水』(幸徳秋水を顕彰する会、2007年)
中塚明『現代日本の歴史認識その自覚せざる欠落を問う』(高文研、2007年)
半藤一利『幕末史』(新潮文庫、2008年)
本庄豊『テロルの時代~山宣暗殺者黒田保久二とその黒幕』(群青社、2009年)
荻野富士夫『特高警察』(岩波新書、2012年)

知野文哉『「坂本龍馬」の誕生』（人文書院、２０１３年）
磯田道史『司馬遼太郎で学ぶ日本史』（ＮＨＫ新書、２０１７年）
磯田道史『徳川がつくった先進国日本』（文春文庫、２０１７年）
本庄豊等『近代日本移民の歴史』全四巻（汐文社、２０１７年）
平井美津子『教育勅語と道徳教育～なぜ、今なのか』（日本機関紙センター、２０１７年）
山田朗『日本の戦争　歴史認識と戦争責任』（新日本出版社、２０１７年）

資料編

【資料1】中学生はロシア革命から何を学んだか

（『歴史地理教育』2017年11月号掲載）

【資料2】学び舎の歴史教科書への攻撃は何を意味するか

（『季論21』2017年秋号掲載）

【資料3】中学歴史教科書のなかの朝鮮～学び舎教科書を例に

（『アリラン通信　59号』2017年11月20日掲載）

#【資料1】中学生はロシア革命から何を学んだか

本庄 豊

（『歴史地理教育』2017年11月号掲載）

1．社会主義の負のイメージから自由な中学生

20世紀後半に青年時代を過ごした世代がベトナム戦争や東西冷戦を肌で感じながら育ってきたのに対し、21世紀を生きる現在の中学生や高校生にとってのリアルは、9・11以降の「テロとのたたかい」であり、北朝鮮による核開発やミサイル発射ではないか。「ベルリンの壁崩壊」は歴史的用語として知ってはいるが、「鉄のカーテン」やゴルバチョフによる「ペレストロイカ」が、中学生には実感としてわからない。

冷戦について認識があまりないということは、逆に「社会主義」＝全体主義、独裁などの負のイメージからも自由であり、世界最初の社会主義革命と言われる「ロシア革命」が目指したものを曇りのない目で見ることが可能になる。

ロシア革命は、民族自決権の擁護と植民地の解放、帝国主義戦争反対、労働者農民の解放を理想として掲げていた。ソ連はのちにスターリンという怪物を生み落とし、戦後の経済発展において社会主義は資本主義国に敗北し、自壊した。そもそもソ連は社会主義国だったのかという根本的な問い直しや、社会主義とは何なのかという定義も含めて深く考察する時期に来ていると言える。

2. 社会主義の復権〜サンダースとメランション

冷戦に「勝利」した資本主義先進国では社会的平等をめざすという箍（たが）が外れ、新自由主義的な規制緩和のもと格差社会が極限にまで進み、貧困問題が解決不能にまで拡大した。経済格差は国家間、民族間でも広がり、格差や貧困はテロの温床となっている。

格差社会の拡大は必然的に社会主義への渇望を生み出す。アメリカ大統領予備選挙（2016年11月）で、クリントン元国務長官と最後まで争ったサンダース議員はアメリカのおける新自由主義の跋扈《ばっこ》について「いまこの国の支配層は、まるで酒や麻薬に依存した人のようだ。もっと、もっと、とほしがる。どれだけ大勢の子供達が貧困にあえごうと、どれだけ失業率が高かろうと、おかまいなしだ。もっとくれ、もっとくれ、もっとくれ、と言っている」[※1]と述べている。筆者はニューヨークで開催された第3回国連軍縮会議SSDⅢ（1982年6月）に出席、知り合いになったアメリカ反核団体「ピース・センター」に招かれ、活動の本拠地バーリントン（バーモント州）を訪問したが、その時のバーリントン市長がサンダース氏だった。懐炉に入れてアメリカに持ち込んだ「原爆の火」を市長に手渡した映像は地元マスコミに大きく取り上げられた。

一方、フランス大統領選挙（2017年5月）で台風の眼となったフランス左派党のメランションは「苦しみや悲惨さ、自暴自棄を金やカネに変える極端な市場はおかしい。格差をなくせ。富裕層に大幅増税を。最低賃金をもっと高くせよ」[※2]と演説し支持を広げた。決選投票ではメランションに投票した3割がマクロンに投票し、残りは棄権に回った。結果的にマクロンが極右政党のルペンに勝利した背景には、メランションの健闘があった。

3. 中学歴史教科書のなかの「ロシア革命」

中学歴史教書に、ロシア革命はどのように書かれているのだろうか。二つの教科書について紹介しよう（傍線は筆者）。

日本文教出版※3

「戦争で生活が苦しくなったロシアでは、1917年、労働者や兵士が革命を起こし、皇帝が退位しました。その後、ソビエトという労働者や兵士の代表者会議が、レーニンの指導で政府をつくりました。これをロシア革命といいます。ソビエト政府は停戦と民族自決を主張して、1918年にドイツと講和しました。さらに、大地主の土地を農民にあたえ、工場や銀行を国有化するなど社会主義の建設をめざしました。しかし、実情に合わない政策が多く、なかなか生産性は高まりませんでした」

学び舎※4

「社会主義をめざすレーニンたちは、すぐに戦争をやめるように訴えました。1917年11月、武器をとって臨時政府を倒すと、権力をにぎってソビエト政府をつくりました（ロシア革命）。レーニンは『平和に関する布告』を発表し、ただちに戦争をやめることをよびかけました。1918年3月、ソビエト政府はドイツと講和条約を結び、戦争から脱け出しました」

「ロシア革命は、世界で最初の社会主義革命でした。ソビエト政府は、地主の土地を農民にあたえ、工場や銀行を国有にすることを宣言しました。この革命の影響もあって、世界各地で、植民地の独立を求める運動や、労働者の権利を求める運動が強まりました」

4. ロシア革命の授業

筆者の勤務する中学校では、2017年度、中学3年生が日本文教出版、中学2年生が学び舎の教科書で学習している。今回の授業は中学3年生において実践したものである。1時間目はNHK「映像の世紀」第2集「大量殺戮の完成」の一部（大戦の経過、新兵器の登場、ロシア革命）を鑑賞させた。導入の部分では、ロシア革命が極端な食料不足のなかで起こったことに気づかせるようにした。レーニンのスローガン「パンを、平和を、土地を」がなぜ人々の心をとらえたのかを、「映像の世紀」や教科書を通じて理解させた。女性が立ち上がった革命であったことにも触れた。生徒からはフランス革命との類似性を指摘する感想が寄せられた。

授業を再現すると以下のとおり。

【導入】

教師「資本主義、社会主義とは何だろう?」

生徒「何だかよくわからない」

教師「じゃあ、『革命』という言葉から何を連想する?」

生徒「フランス革命」「皇帝が死刑になる」

教師「今日は20世紀初めに起こったロシア革命についてやるよ。教科書を読もう。ロシア革命前の人々の暮らしの様子がわかるね。物価は?」

生徒「パンが16倍、ジャガイモが20倍、砂糖が27倍になった」

教師「人々の切実な願いは何だっただろうか?」

生徒「食料よこせと真剣に訴えている」

【展開】

(発問と答えというやりとりで、第1次世界大戦中のロシア軍の様子、そしてロシア革命の経過について説明する)

教師「レーニンの指導する組織はどんなスローガンでロシア革命をやったの?」

生徒「パン、平和、土地」

教師「このスローガンは人々にどう受け止められた?」

生徒「パンは労働者に、平和は兵士に、土地は農民にという感じで、支持を得た」

教師「これをロシア革命と言います。真っ先にやったことはなんですか？」
生徒「ドイツと講和し戦争をやめ、ロシアの植民地の独立を認めた」
教師「ロシア革命に対して、イギリス・フランス・アメリカ・日本などの帝国主義諸国はどうした？
なぜ革命をつぶそうとしたのかな？」
生徒「史上初の社会主義革命であるロシア革命を阻止する戦争をしかけた」
（第1次世界大戦後の世界と軍縮のあゆみについて説明する）

【まとめ】
教師「資本主義って何？」
生徒「自由に競争させる経済」
教師「社会主義って何？」
生徒「よくわかららない」
教師「資本主義を分析し社会主義について研究したドイツの学者は？」
生徒「カール・マルクス」
（アメリカやフランスでの大統領選選挙で支持を広げた社会主義者の動きについて説明する）
教師「なぜ社会主義がふたたび注目されているのだろう？」
生徒「格差社会が拡大しているから」
教師「弱肉強食の資本主義が本当にいいのか、社会主義について、もう一度見つめなおすことが大切だね」

「まとめ」では、パワーポイントをつくり、表やグラフ、写真を多用しビジュアルに説明した。現在の世界を覆う極端な格差社会の具体的な様子については公民的分野で扱うが、この単元でも意識的に問いかけ、意見を出させ、説明もした。生徒たちは次のような感想を書いた。抜粋して紹介しよう。ロシア革命の学習を通じて、現在につながる社会主義思想の意味と意義に気づいたのではないか。

「新兵器の登場で政府のお金がどんどんなくなり、貧しい人たちが増えてきた。レーニンはこの貧困問題を解決しようとした、格差のない平等な社会主義を実現しようとしたのだ。実現はできなかったが、素晴らしいアイディアだと思った」（大輝）

「〝パン、平和、土地〟というスローガンは、軍にお金をつかうのではなく、民間につかってほしいということではないか」（麗）

「第1次世界大戦では、人と人との戦いではなく、兵器と兵器の戦いのようになって、人が死ぬだけではなく、精神がおかしくなってしまうのはとても悲惨だと思いました。ロシア革命ではふつう逆らえない王家にはむかうほど、人々は戦争と飢えに追い詰められていたのでしょう」（莉子）

「戦争のなかで子どもたちは栄養失調に、軍人はシェルショックという精神の病にかかりました。戦争をやめるためレーニンは革命を引っ張ることを決意したのだと思いました」（愛己）

「世界で最初の社会主義が打ち立てられました。その後社会主義が必ずしもうまくいきませんでしたが、格差によって飢える人がいなくなるのはいいなと思いました」（粋）

「レーニンは『人間はみな平等』という考え方をしていたのだと思います。ロマノフ王朝を滅ぼしたのも格差のない社会をめざしたからでしょう。今の世界は資本主義が中心です。貧しい人びとが相変わらず飢えています。私は貧富のない社会を望みます」（聖奈）

「レーニンはきっと、ロシアの人たちから貧富の差を無くそうとしたのだと思う。ロシアでは大人だけではなく、子どもや女性まで飢えに苦しんでいたので、その悲惨な状況から国民を助け出そうと、社会主義を唱えただと思う。ぼくたちが生きる今の時代でも、格差が広がり飢えている人や仕事のない人がいるから、平等をめざす社会主義も良いと思った」（駿）

5．ロシア革命の評価をめぐって

ロシア革命は世界の民族独立運動に大きな影響を与えただけではない。日本も含む帝国主義国内の労働農民運動の覚醒につながる大波をつくりだした。この点は教科書にも触れられている。一方で日本に限って言えば、社会主義のルーツとして、日本移民を通して持ち込まれたアメリカにおける社会主義思想と運動があったという側面も軽視はできない。アメリカ西海岸における日本移民の中心地のサンフランシスコには、平民社支部が結成され、世界各国の無政府主義者や社会主義者たちとの交流があったのである。※5 カナダのバンクーバーに留学移民していた山本宣治(のち労農党代議士)は、海外での自由な空気の中で大逆事件についての憤りを日系人新聞に書いている。

レーニン死後ソ連の権力を一手に握ったスターリンは、未曽有の強権政治を行った。無実の罪で死刑になったりシベリアに流刑されたりした人びとの掘り起しはようやく始まったばかりである。私たちはヒトラーやナチスを教えるほど熱心に、スターリンやソ連を教えていないのではないか。ロシア革命の評価がまだ定まらないことの一つの証左であろう。

※1 http://news.livedoor.com/article/detail/11232313/
※2 https://www.bloomberg.co.jp/news/articles/2017-04-09/OO5UVX6TSE801
※3『中学社会　歴史的分野』日本文教出版、２０１５年
※4『ともに学ぶ人間の歴史』学び舎、２０１５年
※5『治安維持法と現代』26号、治安維持法国家賠償同盟、２０１３年10月31日

【資料2】学び舎の歴史教科書への攻撃は何を意味するか

本庄 豊

（『季論21』２０１７年秋号掲載）

1.「エリート校」の選択

学び舎の中学歴史教科書『ともに学ぶ人間の歴史』を採用した灘中学の和田孫博校長が２０１６年秋、ネット上の同人誌に書いたエッセイ（「謂われのない圧力の中で──ある歴史教科書の採択について」）を読んだ。エッセイには、採用を知った同校出身の自民党衆議院議員から、〈政府筋からの問い合わせだが〉といって、なぜ採用したのかと電話がかかってきたり、南京陥落後の難民区の市民が日本軍を歓迎するものや日中戦争時の写真ハガキに、〈何処の国の教科書か〉とか、同校ＯＢを名のって〈こんな母校には一切寄付しない〉と添え書きして送りつけてきていること、その後も、差出人こそ違うものの、〈「反日極左」の教科書〉〈即刻採用を中止せよ〉などと同一文面のハガキが大量に届いていると書かれていた。

学び舎の歴史教科書が文科省の検定を通過し、採択されてじっさいに学校現場で教えられるようになったのが２０１６年4月。直前の3月19日には、「産経新聞」が〈灘、筑波大付属駒場中、麻布など有名校がなぜ？　唯一慰安婦記述の中学歴史教科書「学び舎」、30校超で採択〉と報じた。月刊『Ｗｉｌｌ』６月号には、前記の写真ハガキをプロデュースした水間政憲が「エリート校─麻布・慶応・

灘が採用したトンデモ教科書」と題する長大な論文を書いた。

学び舎の歴史教科書を採用したのは38校。「エリート校」はともかくとして、国立、私立校ばかりである。というのも、公立中学校の教科書採択は各地域の教育委員会が決めることになっており、現場の先生方が討論して採用を決めるとなると、国・私立中だけになる。とはいえ、この採用数では経営上は成り立たず、市販もして何とかひろげたいと思っていたところへのこの騒ぎで、ことし7月30日には、MBSテレビの映像17「愛国と教育～いま教科書で何が起きているのか」や9月6日のNHKクローズアップ現代＋「揺れる〝教科書採択〟～教育現場で何が？」でも取りあげられ、書店ではベストセラーになっているという。何が幸いするか分からない。学び舎教科書執筆者の一人として複雑な気持ちである。

私の勤めている立命館宇治中学は、学び舎の教科書を使っており、灘中学と同様の抗議ハガキが送りつけられている。

彼らの「抗議」は、学校OBを名のったり、匿名であったり、あるいは「政府筋」とか「〇〇市長」「〇〇議員」など権力をちらつかせ、「反日極左」など、ネトウヨのようなやり方、いい方をしている。そういう直接間接の、どことない不気味ささえ感じる圧力をかけて教育をゆがめようとするもので、ほんとに憤りを感じる。検定の問題はともかく、文句があるなら文科省にいえ、といいたい。筋の通らない、ナンセンスな難クセだ。

20年ほど前までは、公立中学校の教科書の採択は現場の教員も加わって採択委員会に出て、協議して決めていた。それが教育委員会でやることになり、密室で決め、それが下りてくることになった。

現場の教員が口も手も挟めないものになってしまった。いま、「道徳」をめぐって密室の審議が問題になっているが、ぜひ他の教科を含め現場の教員の意見の通りやすい環境にしてもらいたいと思う。

2．日本軍慰安婦の扱い

「産経」は「唯一慰安婦記述の中学歴史教科書」というのだが、学び舎の教科書は日本軍慰安婦を戦争中の日本軍の行為としては記述してはいない。「第6部　現代」の章で、「問い直される戦後」として、戦時下の女性への暴力と人権侵害の問題として扱い、「慰安婦」の言葉も、「河野洋平官房長官の談話」と現在の政府見解の紹介で記述しているにすぎないものだ。「朝日新聞」の氏岡真弓記者は、2014年春の検定に提出したもの――慰安婦を「東南アジアの日本軍」、「問い直される戦後」の二つの単元で扱った――を比較し、慰安婦問題としては2014年版の方が分かりやすい、検定合格本は記述の不自然さが残る、しかし戦後補償の問題を考えると合格本の方が優れているという評価もあり得る、と指摘している（「学び舎の問い―歴史教育はどうあるべきか」、『世界』2015年8月号）。

1993年の河野談話以降、中・高の歴史教科書には慰安婦記述がひろく見られたのだが、その後、談話への批判、見直しの動きが始まり、90年代末には「新しい歴史教科書をつくる会」の歴史教科書が採択されるようになった。歴史見直しを迫る勢力は、日本軍慰安婦、南京事件、沖縄の強制集団死を標的に執拗な攻撃をくり返し、2000年代初頭までは多くの中学歴史教科書に見られたそれらの記述が、急激に減少していった。なかでも日本書籍は、一時、東京23区全体で採択されるほどだったが、先日のMBSテレビ映像17の番組で吉田裕一橋大教授も語っていたように、倒産に追い込まれてしまったのだった。

3. 子どもの視点に立った教科書を

学び舎の教科書は、千葉県の公立中学校の教員として教育実践を積み重ねてきた安井俊夫元愛知大学教授をはじめ、よい教科書を作ろうと結集した現場教師たちの力によるところが大きい。今回の教科書で戦時中の学童疎開のことが書かれている。よく、疎開児童が地元の子どもたちとうまく折り合いがつかなかった話はあるが、教科書で指摘しているのは疎開組と残留組にあらわれた差別の問題だ。疎開するにはお金がいった。布団も持っていかなくてはならず、貧しい家庭の子どもは疎開しようにもできなかった。残ったその子らは空襲で亡くなり、一方、疎開者は疎開者で、戦争が終わって帰ってみると家は焼けてなく、親たちも死んでしまっていて、孤児として生きざるを得なかった。

疎開をしていて助かった、疎開政策はよかったという議論もあるなか、子どもたちが背負ったリアルな戦争の悲劇が事実にもとづき学び舎教科書には記述されている。子どもの視線にそった教育をしたいと考えてこられた現場の教師たちが、子どもの視点に立ち、事実にもとづく、そして最新の歴史学の研究の成果をふまえた歴史教科書をつくろうと集まった。私もその一人とはいえ一執筆者にすぎず、会社を立ちあげ、実務をこなされた方々は大変だったと思う。経理を学ぶために専門学校に通ったとも聞いている。

学び舎の教科書には、いろいろ工夫がある。たとえば、子どもの写真などを多くして、とっつきやすくしている。山本宣治のところでも２００８年に発見された、娘姉妹を酒樽に入れていっしょに遊ぶ宣治の写真を入れた。アンネ・フランクとオードリー・ヘップバーンを並べ、ナチスの目を逃れて暮らすユダヤ人少女とナチスに抵抗する人たちの間の連絡員として動いた少女という、二人の置かれた境遇への対し方などが考えられるようにした。

歴史学の成果をとり入れる点でも、「鎖国」という言葉がとりたてていわれ出したのは幕末のことで、江戸期を通じて長崎・対馬・薩摩・松前を開いてオランダ、中国、朝鮮、琉球、アイヌと積極的に交易し、その利益を幕府が独占していたことや、聖徳太子も厩戸皇子を正式名とするなど、随所にそれがうかがえる。

また、現場の教師たちにとって使いやすいものにしたいと見開きで1単元とし、教師があらたに自分で学習したものを加えて授業できるようにしている。よく、山本宣治があるのに小林多喜二がないではないかとか、秀吉の朝鮮出兵では耳塚が抜けている、といわれるが、それは、教師が加えてやってくださいと話している。これはそういう教科書なんですとも。

4．教員自身が学び教える

そういう点では、文科省が推進しようとしているアクティブ・ラーニングにも合うのかもしれない。

暗記中心ではないこの教科書は、思考し、討議して習得していく授業にふさわしいのではないかと思う。他の教科書にはある、覚えるべき重要点を太く黒字にすることをやっていない。この教科書が進学校や付属校で選ばれたのもそういうことが要因になっているのではないだろうか。

私学や国立がこの教科書を使うということは、進学塾からすれば入試問題にも影響するのではないかということになる。そうすると学習塾などが使い、受験生の保護者の目にも触れる。単に一つの学校が採択するにとどまらない影響が出てくる。労働組合や女性運動の組織などでも学習会のテキストに使っているという。いろいろな形でひろがってくれれば、と思っているので、学校の教科書だけれども市販のルートにも乗せている。

ただ、現場の先生方からは、教えやすい反面、受験勉強にはならない、つまり暗記中心にならないので苦労すると聞く。そうだろうと思う。黒の太字のところを読ませて覚えておくようにといって済ませる、ということができないわけだ。どこが大事か、なぜ重要なのかを、教員自身が勉強し直さないといけない。私は、いいことだと思う。

そして、この教科書を一つの資料にして、それぞれの先生方が個性を発揮し、別の資料を加味するなどしてやってくだされればいい。

アンケートを見ると、歴史が好きという生徒で一番多いのは、覚えるのが楽しい、というものだ。歴史は暗記になっている。いまがどういうときで、そこにいる自分はどう歴史と関わり合っているのか、どんな役割を果たすことができるのか……、そういうことは考えない。歴史や政治が自分とふかい関係のあるものだと思わない。

現場の教員は、そういうことを語ろうとしても教科書がそうなっていない上に、下手なことを話すとたちまち外から意見が来るというので、話さなくなっている。学校とくに公立校は、学校のなかでは少なくとも自由に自分の意見をいい、討議し……と外からのいろんな圧力の壁になることができないでいる。

5．学校は個人の尊厳をまもるためにある

筆者は、11年前に公立中学から私学に転職した。

公立中学のころは、たとえば新聞のインタビューを受け、それが記事に出ると、すぐに校長に呼ばれ、いったいだれの許可でインタビューに応じたのか、とくる。本を出版すると、だれの許可を受けたのか、といわれる。

私が私の意見をいい、発表するのに、だれの、どういう許可がいるのか、と反論すれば何もいわなくなるが、だれもがみなそのようにやれるわけではない。学校から言論・表現の自由が消えていく。少なくとも萎縮していく。それで子どもたちに、憲法が語れるわけがない。基本的人権を大事にせよとはいえなくなっていく。

私学に来て、地元の新聞に歴史の小さな読み物を個人名で連載した。すると校長が学校名も入れるようにといってきた。学校の宣伝も考えたのだろうが、それより、この学校の教員はそういう自由な研究を進めている、頑張っていると、読者に伝えたかったのだろう。今回も、私のところに来る「抗

議」ハガキや電話に対してある管理者は、「学校という組織は個人の尊厳をまもるためにある」といってくれる。

私は、驚き、そして感動した。教科書を執筆する私という個人、その自由、権利は、そのように何でもない、あたりまえのこととしてまもられている。学び舎の歴史教科書とともに、そういうものがこの日本にひろがってほしいと痛切に思う。

（2017年9月16日、聞き手／構成・新船海三郎）

【資料3】中学歴史教科書のなかの朝鮮〜学び舎教科書を例に

本庄 豊

(『アリラン通信　59号』２０１７年11月20日掲載)

1. 日本軍慰安婦問題と抗議はがき

筆者が執筆者の一人である中学歴史教科書・学び舎版『ともに学ぶ人間の歴史』(２０１５年発行)を採択した学校に、昨年来「反日極左」などと書かれた同じ文面※1の抗議はがき１００枚から２００枚が殺到した。はがきの差出人には政治家の名前もあった。

抗議の理由は、学び舎の歴史教科書に日本軍慰安婦についての日本政府見解である河野洋平官房長官談話※2(「河野談話」１９９３年)が掲載されていたからである。こうした抗議はがきを送りつける運動が、日本の植民地支配は正しかったとする特異な歴史観を持つグループによる組織的なものであることがＭＢＳ(毎日放送)「映像17」(２０１７年7月30日放送)やＮＨＫ「クローズアップ現代＋」(２０１７年9月6日放送)などで明らかにされた。

マスコミが取り上げるまでは各学校が抗議ハガキに個別に対応せざるを得なかったが、問題が表面化することで、日本会議や教育再生首長会議などの異様性が白日のもとにさらされ、多くの市民の関心を引く事態となった。抗議ハガキの発信元をたどり、教科書も読まずに同一文面のハガキを送りつけている政治家の姿がテレビ画面に映し出された。

筆者はMBS「映像17」で学び舎の歴史教科書について「歴史学の成果をいかすとともに、子どもや民衆の立場に立ったものになっている」という趣旨の発言をしたが、教科書の具体的記述についての紹介が弱かったので、日本と朝鮮との関係に絞って、この場で補足しておきたい。

2. 学び舎歴史教科書のなかの朝鮮

学び舎の歴史教科書は、当たり前であるが「文部科学省検定済」である。この教科書には、朝鮮と日本とのかかわりについて多くの記述がある。原始~古代では、弥生時代に朝鮮半島から稲作が伝えられたこと、飛鳥時代に仏教が朝鮮半島の百済から伝えられたこと、渡来人の力が日本の発展に大きく寄与したことが書かれている。

一方、中世では、モンゴル帝国（元）に抵抗した高麗の人びとにふれるとともに、豊臣秀吉の朝鮮侵略のところでは「戦争のなか、1万人にものぼる日本の武士や農民が、朝鮮側に投降したり、逃亡したりしたといわれる」などのエピソードを紹介している。近世では、日本と朝鮮との国交が回復する中で、朝鮮通信使が始まったことなどが生き生きと書かれている。

近代に入ると、日本が朝鮮の植民地化に向けて動き出したことを、江華島事件や日清戦争を通じて描きだす。東学農民軍の日本軍との戦いにも「土地制度の改革」の要求があったことを記述している。何よりも日清戦争の戦場が朝鮮半島であったことを強調することで、この戦争の無謀さを浮かび上がらせようとする。日露戦争の単元では、朝鮮半島を通って日本が満州に出兵したことがわかる地図を大きく掲げ、戦争後「日本は、韓国の外交権を奪って、保護国」としたと書かれている。「韓国併合」は見開き2ページで扱い、日本が朝鮮の土地を奪ったこと、朝鮮総督府による植民地支配がすすめられたこと、学校では日本語が使われたことなどが詳細に記述された。関東大震災時の朝鮮人虐殺では「いわれなく殺された人びと」というコラムのなかで朝鮮人青年の証言を取り上げた。アジア太平洋戦争のところでは、「朝鮮・台湾の人びとと日本の戦争」という項目をもうけ、朝鮮人の強制連行にふれた。

3．朝鮮と日本の関係を軸に

程度の差はあれ、現在出版されているどの教科書も、もっとも近い隣国である朝鮮と日本の関係について一定のスペースをあてている。隣国間は良好な関係のときもあるが、戦争や植民地支配という負の関係になることもある。こうした歴史の真実から目をそらしていては人びとの歴史認識は深まらず、いつまでもギクシャクした隣国関係が続くことになる。

学び舎の歴史教科書の記述は、日本と韓国の歴史教育者たちによる研究交流の成果の反映でもある。この教科書が日本軍慰安婦問題を記述したのは、「あったことをなかったことにはできない」という、教科書会社としてのぎりぎりの良心の発露だった。

学び舎の灯を消してはならない。

※1　学び舎中学歴史教科書採択校への抗議はがきの文面「学び舎の歴史教科書は中学生用に唯一、慰安婦問題（事実と異なる）を記した『反日極左』の教科書だとの情報が入りました。将来の日本を担う若者を養成する有名エリート校がなぜ採択したのでしょうか。反日教育をする目的はなんなのでしょうか。今からでも遅くはありません。採用を即刻中止することを望みます」

※2　河野洋平官房長官談話（要約）「……本件は、当時の軍の関与の下に、多数の女性の名誉と尊厳を深く傷つけた問題である。政府は、この機会に、改めて、その出身地のいかんを問わず、いわゆる従軍慰安婦として数多の苦痛を経験され、心身にわたり癒しがたい傷を負われたすべての方々に対し心からお詫びと反省の気持ちを申し上げる。……われわれはこのような歴史の真実を回避することなく、むしろこれを歴史の教訓として直視していきたい。われわれは、歴史研究、歴史教育を通じて、このような問題を永く記憶にとどめ、同じ過ちを決して繰り返さないという固い決意を改めて表明する」（１９９３年）

【著者紹介】

本庄　豊（ほんじょう　ゆたか）

群馬県安中市松井田町出身。前橋市に転居。群馬県立前橋高等学校を経て、東京都立大学卒。京都府南部の公立中学校に勤務し社会科を教える。専門研究は労農党代議士・山本宣治を中心とする近代日本社会運動史。
現在、立命館宇治中学校・高等学校教諭、立命館大学兼任講師、京都橘大学非常勤講師。京都総評宇治城陽久御山地区労働組合協議会議長。趣味は木工作等のＤＩＹ。
著書に『戦争孤児』（新日本出版）、『魯迅の愛した内山書店』（かもがわ出版）、『いじめる子』（文理閣）、『山本宣治～人が輝くとき』（学習の友社）、『ポランの広場～瓦解した「宮澤賢治の理想郷」』（かもがわ出版）、『新ぼくらの太平洋戦争』（同）、長編推理小説『パウリスタの風』（群青社・紫式部市民文化賞受賞）ほか多数。

「明治 150 年」に学んではいけないこと

2018 年 6 月 20 日　初版第 1 刷発行

著　者　本庄　豊
発行者　坂手崇保
発行所　日本機関紙出版センター
〒 553-0006　大阪市福島区吉野 3-2-35
TEL 06-6465-1254　FAX 06-6465-1255
http://kikanshi-book.com/
hon@nike.eonet.ne.jp
本文組版　Third
編集　丸尾忠義
印刷・製本　シナノパブリッシングプレス

ISBN978-4-88900-960-6

日本機関紙出版の好評書